Ballet Muscle

筋トレ以前に
知っておきたい！

バレエ筋肉
ハンドブック

バレエダンサーさんの治療院 主宰
専心良治 院長

島田智史

東洋出版

はじめに

「バレエ筋肉」＝「バレエを美しく踊る」という最終目的に適った筋肉」を育てよう

　本書は、バレエを踊る上で知っておきたい筋肉の仕組みや、具体的な筋肉の養い方、働かせ方をご紹介する本です。

　バレエに筋トレが必要かどうかというのは、賛否両論あると思います。教わる先生によっても、「筋トレしたほうがいい」「うちの教室では筋トレしない」と真逆の考え方があったり、先生方なりのいろいろな方針があると思います。基本はその方針にしたがっていただければいいのですが、「踊りやすくなるために筋肉がどう役立つのか」知っておくと、筋トレをするにしても、何よりバレエの上達のために役に立つはずです。

　プロのバレリーナの引き締まった肉体をよくみてみると、無駄のないしなやかな筋肉によって支えられています。

　ただ細いだけではなく、ふくらはぎの筋肉もしっかりありますし、太ももも背中も、筋肉が発達していてよく使われているのがわかります。ただ、バレエは美しさを追求する芸術で、妖精やお姫様に扮する演目も多いですから、役柄にふさわしくない逞しすぎる筋肉だったり、アンバランスな筋肉の付き方をしているプロはいませんね。その姿をみて、「〇〇筋をもっと鍛えなくちゃ」「私は〇〇筋が太いんだわ、細くするにはどうしたらいいのかしら？」と思ったりするかもしれません。しかし、筋肉を知るためには解剖学の知識が必要なので、「この筋肉どうにかしたいな〜」と思って調べても、どう活かせばいいのかわからないという方もいると思います。

　本書では、いわゆる腹筋30回のように、具体的なエクササイズに重きを置いてはいません。

　筋トレは達成感があるので、人によっては夢中になりやすいですが、間違った筋トレをしてしまい、ふくらはぎや上腕二頭筋が必要以上に太くなってしまったら、うれしくありませんね。

あなたが目指すところは、バレエが上達して美しく踊ること
ではないでしょうか。

　本書は、「バレエ筋肉」＝「バレエを美しく踊る」という最
終目的に適った筋肉を育てたり、レッスンで使いやすくするこ
とを第一に考えました。

バレエ筋肉の仕組みや働きを理解する
＋
テクニックに応じて
バレエ筋肉を調整したり、鍛える
▼
しなやかな筋肉を育て、美しく踊れるようになる

　そのために、レッスンで注意されそうな部分を先回りして整
えておいて、レッスンでは音楽に合わせて楽しく踊るほうにフ
ォーカスできるようにしませんか？

　その練習がどの筋肉に効いていて、なんのためにやっている
のか、イメージできるようになることで、同じレッスンでもそ
の効果は変わってきます。特に、レッスン時間や体力を考える
と、回数で勝負するわけにはいかない大人バレリーナさんには、
自分の"できる"を増やすヒントになるはずです。

　本書は前作『バレエ整体ハンドブック』の姉妹版のような
位置づけになっています。『バレエ整体ハンドブック』でやっ
ていることを、筋肉というフィルターを通してみることで、全
身を客観的にみる目を養うこともできるでしょう。

　普通の筋トレ本とは明らかに違いますが、あなたは自分の体
を知ることで、好きな踊りも変えていけるようになります。

　この一冊があなたのバレエライフの助けになりましたら幸い
です。

バレエダンサーさんのための治療院 主宰

専心良治 院長　島田智史

本書の構成

ベース

1章 コア・体幹をつくる バレエ腹筋を鍛える

コア・体幹をつくることはバレエのパフォーマンスアップのベースになります。上達の鍵を握る部分です。

$+$

パーツ別

2章 美しく強いポアントをつくる 足のバレエ筋肉を鍛える

つま先立ちをして踊るダンスはバレエならでは。トウシューズに頼らず、しっかり美しく立てる足に鍛えましょう。

$+$

パーツ別

3章 テクニックの基礎をつくる バレエ筋肉を鍛える

ターンアウト、引き上げ、肩下げ、内ももを使うなど、レッスンで先生からアドバイスされることも多い基本のテクニックをセレクト。それらの筋肉をパーツ別に調整しましょう。

レベルアップのためには、ベースとなる1章を理解していただくとよいでしょう。続いて、2章で足の強化を図り、3章からあなたの気になる箇所を選んで実践してみてください。

＊本書では、足首からつま先の部分を「足」、足首から骨盤までを「脚」と区別しています。

1章

コア・体幹をつくる
バレエ腹筋を鍛える

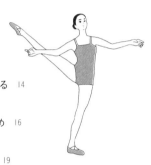

2章

美しく強いポワントをつくる
足のバレエ筋肉を鍛える

3章

テクニックの基礎をつくる
バレエ筋肉を鍛える

バレエ筋肉のスイッチを入れる
おなかつまみ呼吸

　レッスン前に十分な準備ができないとき、ぜひやってほしいワークです。

〜呼吸を使って腹筋を強化する方法〜

　呼吸をうまく使うと、コアの腹筋に働きかけて、安定した軸をつくることができます（解説は１章をじっくりご覧ください）。
　腹筋の中でも、「腹横筋」「内腹斜筋」「外腹斜筋」の３つにフォーカスします。
　「腹横筋」「内腹斜筋」「外腹斜筋」は、脚を上げるときや、５番などで股関節を開くとき、骨盤がズレないようにするコアマッスルです。これらはいわゆる腹筋の筋トレをすることでも養われますが、呼吸を使って強化することもできるんです。この呼吸法によって、腹圧が上がると、「胸腰筋膜」という背中の筋膜を通して、体幹から手足に筋肉が働く指令が伝わります。体幹がブレにくくなって、軸ができ、すべてのパフォーマンスがアップしますから、レッスン前の準備にもってこいです。

〔**基本の流れ**〕

STEP1
お腹の肉を皮膚を
つまむイメージで
引っ張る

STEP2
息を8秒から20秒で
吐き切る

STEP3
息を吸う

STEP1のつまむポイントやひっぱる方向を変えることで、
腹横筋→内腹斜筋→外腹斜筋と入れるスイッチを変えていきます。

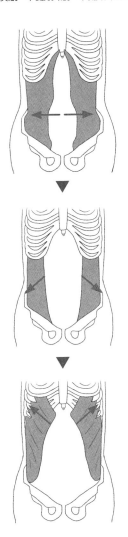

❶ 腹横筋

ヘソの高さの
お腹の肉を薄くつまみ、
横に引っ張る

❷ 内腹斜筋

ヘソの高さの
お腹の肉を薄くつまみ、
斜め下に引っ張る

❸ 外腹斜筋

みぞおち横の
肉を薄くつまみ、
斜め上に引っ張る

BASIC

腹横筋にスイッチを入れる
おなかつまみ呼吸

STEP1

お腹の肉を薄くつまんで
横に引っ張ります

▶

STEP2

8秒〜20秒で
口から息を吐いていきます

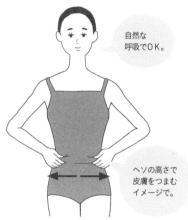

自然な
呼吸でOK。

ヘソの高さで
皮膚をつまむ
イメージで。

ヘソ下に力が
入ってくるの
を感じて。

　ステップ3まで終わったら、STEP1を内腹斜筋、外腹斜筋それぞれのスイッチを入れる場所を変えて行いましょう。

　息を吐く時間は最低8秒で、じょじょに吐く時間を増やしていってください。目標は15秒から20秒くらいです。
　この状態で息を吐き続けていると、腹横筋が使われてだんだんとヘソ下に力が入ってくるのがわかるはずです。

**引き上げ＋体幹
スイッチオン!!**

▶ ▶ ▶ ▶

STEP 3
息を吐ききったら、
鼻から吸います

3回目安

**それぞれの筋肉に
スイッチが
入った目安**

❶ 腹横筋は横に向かっ
てついているので、
使われるとウエスト
やあばらが締まって
きます。

❷ 内腹斜筋に働きかけ
ると、骨盤が持ち上
がる感覚があります。

❸ 外腹斜筋に働きかけ
ると、肋骨が締まり
ます。

　腹横筋を使って息を吐きき
ったことで、吸うときに横隔
膜を使いやすくなります。
　体幹がブレにくくなるスイ
ッチが入ります。

COLUMN

筋肉の仕組み
「ストレッチの落とし穴」

　一生懸命ストレッチしてるのに、「なかなか可動域が広がらない」とか、「やればやるほどかえって開かない」なんて悲しい経験をした方もいるかもしれません。

　これ、筋肉のある仕組みが原因のことが多いです。この仕組みは、伸張反射（しんちょうはんしゃ）と呼ばれます。簡単に言うと、一定以上筋肉が伸ばされると勝手に縮むことを言います。

　どうしてこんなものがあるのかというと、過剰に伸ばされて筋肉がこわされたら危ないからです。もし、どこまでも伸ばせたら、筋肉がブチっと切れても伸ばせることになりますよね？　それを防ぐ防御反応なんです。

　つまり、開脚などで、無理なストレッチをしたり、そもそも体勢がつらいのに、無理に伸ばそうとすると伸張反射で筋肉が縮むほかに、一部縮みすぎた筋肉が痛んだり靭帯に負担をかけることになるので、頑張ってるのにかえって開かなくなるという現象が起きてしまいます。特にレッスンの前の体が温まる前に無理をするのはやめましょう。

　ストレッチするときはこの伸張反射が起きないギリギリのところまで伸ばして、呼吸をするやり方だったり、筋肉や関節の正しい位置を確認し、常にいい位置にあるようにしたり、筋力をつけることで体の体勢を保ちやすくする方法をとるなどするとよいでしょう。

1章

コア・体幹をつくる
バレエ腹筋を鍛える

＼やっぱり体幹が決め手！／
バレエ腹筋を鍛える

●できること

バレエの正しい姿勢を作る、パフォーマンス全体の底上げ、
バレエらしい動きを助ける…全部であり、土台です。

「え、いきなり腹筋」と思った方も多いのではないでしょうか。
バレエといえばまずターンアウトを思い浮かべる人がほとんどで
しょう。もちろん、踊りの最中もターンアウトをキープできる筋
肉を養うことはとても重要です。ただ、バレエで使う腹筋を正し
く知って意識できるようになると、バレエのパフォーマンス全体
が底上げされます。体幹を使えるようになることはターンアウト
をキープするにも有利です。なので、あえて先にページを割いて
お伝えすることにしました。

腹筋がどう使われているか知っておこう

拙著『バレエ整体ハンドブック』で、「腹筋に力をいれて硬め
るのはNG」というお話をしました。それは、「息が止まって腹筋
に力が入った状態をキープできない」「顔が前に出てしまい猫背
になりやすい」「肩も上がってしまう」からです。ですから、ま
ずは「お腹を硬めない」という意識を持つこと、そして、「ター
ンアウト」「骨盤を立てる」「肩を下げる」といったバレエの基本
姿勢ができると自然とお腹は引っ込むというお話をさせていただ
いています。

今回は直接、腹筋にアプローチしてみましょう。お腹を引っ込
めるのではないとしたら、「どう力を入れればいいの？」って思
いますよね？　いわゆる体幹トレーニングもやっているけど肝心
の体幹に効いてない、と思うことはありませんか？　それは腹筋
がどこにあって、どう使われているのかイメージできていなかっ
たり、腹筋をひとくくりに考えて、「いろいろまとめて腹筋」に
してしまい使い分けがうまくいっていないせいかもしれません。

コツ 1 バレエ腹筋は2グループある！

　最初に、腹筋がどう使われるのかを整理して、あなたが鍛えるべき場所を知りましょう。

　腹筋＝シックスパックのイメージが強いですが、「バレエでいう腹筋ってどこ？」って思いませんか？

　今回は、バレエで使う腹筋をお仕事別に2つのグループに分けました。なお、「引き上げ」にも共通しています（P108）。

グループ❶

肋骨、背骨、骨盤がズレないようにキープする

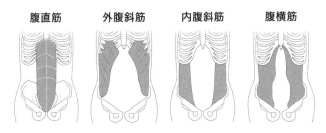

| 腹直筋 | 外腹斜筋 | 内腹斜筋 | 腹横筋 |

腹筋		
6パック	ヨコ腹筋	
		コアマッスル

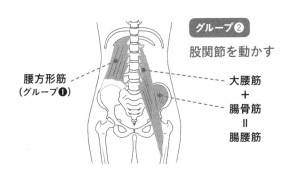

グループ❷

股関節を動かす

腰方形筋
（グループ❶）

大腰筋
＋
腸骨筋
＝
腸腰筋

お腹を出さないのは
腰に負担をかけないため

　グループ１のシックスパックの腹直筋とヨコ腹筋は、肋骨や背骨、骨盤がズレないようにキープしてくれます。

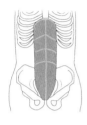

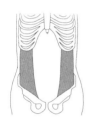
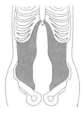

▶

○お腹を出さない
　（あばらを開かない）

○引き上げ
　（腹圧を上げて内臓を
　　持ち上げる感覚）

○骨盤がズレないように
　キープ

　「うーん、肋骨、背骨、骨盤をズラさないようにキープって言われても…」と思ったあなた。安心してください。ここからもうちょっと具体的なシーンを使ってお話します。

　バレエ教室で「あばらが開いてる」「お腹が出てる、落ちてる」ってアドバイスされた経験はありませんか？　あるいは、注意はされなくても、脚を後ろに上げようとしても上がらなくて、お尻の上のほうと腰が痛いなんてことがあるかもしれません。

　これは、**腹筋が骨盤と肋骨を支えてくれていないサイン**です！

腹筋は、肋骨と骨盤をつないでいます。なので、腹筋が弱かったり、うまく使えていないと、あばらと骨盤の位置がガマ口の財布が開いたように（ペンケースのチャックが開いたように）なります。これを「あばらが開く」とか「お腹が出てる」って表現しているんです。

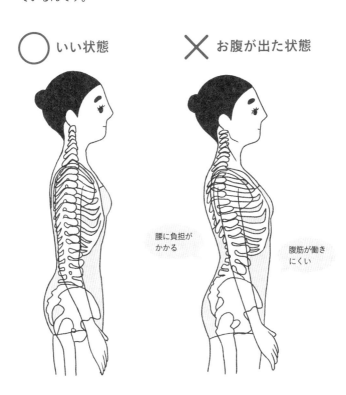

○ いい状態　　　× お腹が出た状態

腰に負担がかかる

腹筋が働きにくい

　こうなると腰を反ってカバーするので、腰椎に負担がかかります。後ろに反れなかったり、脚を前に上げようとすると膝が曲がる、後ろに上げようとすると腰やお尻が痛いといった状態になりやすくなります。

骨盤がズレないと
脚が使いやすくなる

　腹筋の種類によって、くっつく位置や引っ張る方向は違うのですが、腹筋がちゃんと働くと骨盤を持ち上げてくれます。

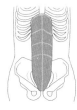

腹直筋
骨盤の前（恥骨）につく。脚上げで骨盤の前をキープ

腹斜筋
骨盤の横から後ろにつく。骨盤の前の出っ張りが前後にズレないようにキープ

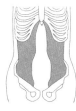

腹横筋
骨盤の内側につく。骨盤の中（骨盤底筋）を持ち上げる

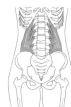

腰方形筋
骨盤を平行にキープ

　動いているときに骨盤がズレないと、骨盤についている股関節も、その先につながる膝や脚も使いやすくなります。

アラベスクなら…

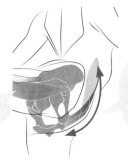

脚が軽くなって後ろに上げやすくなります。

お腹を伸ばすときに、腹筋を使って肋骨と骨盤の距離をキープできると、腰に負担がかからずに背中の上が反りやすくなります。

コツ2 それぞれの腹筋は得意な動きがある

　腹筋全体としては、お腹を出さないことや引き上げ、骨盤がズレないようにキープをしますが、先ほどもお話したとおり、くっついている場所が違うので得意な動きもあるんです。それぞれがバレエの動きとどう関係するか知っておくと、苦手な動きに対してどこを鍛えればいいかがわかります。

ヨコ腹筋

腹横筋

背骨1つ1つを動かして反りやすくサポート、手脚を伸ばしやすくする

外腹斜筋、内腹斜筋

体のねじり（アラベスクで体が開かない、4番や5番ポジションで骨盤をズラさない、ターンアウトでかかとを前に出しやすくする）

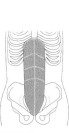

腹直筋

背中を反るサポート、内転筋の上のほうを使いやすくする、内側のハムストリングスを使いやすくする（アラベスクやアチチュードで脚を後ろに上げやすくする）

腰方形筋

体を横に曲げる（脚を横に上げやすくする、パッセで骨盤がズレない）

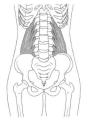

腹筋をさすって意識する

　ものすごく簡単な方法ですが、ちゃんと狙った腹筋を働かせるためによい方法があります。「筋肉の方向に合わせて軽くさすること」です。

　順番は、深いほうから浅いほうに向けてさするのがおすすめです。こうすることで、腹筋が層状に重なって使いやすくなります。プランクなどの腹筋の筋トレをする前にもおすすめです。「違う部分に力が入ってしまう」といった誤作動を防げます。

〈筋肉の方向に合わせてさする〉

１〜４は深い→浅いの順番になっています。

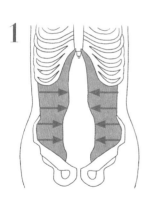

1

腹横筋

一番奥にある腹横筋は、腰からお腹の真ん中に向けてグルっと囲むように横向きにさすります。

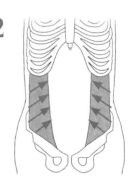

2

内腹斜筋

内腹斜筋は、骨盤から斜め上に向けてさすります。

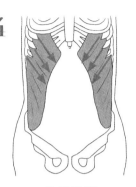

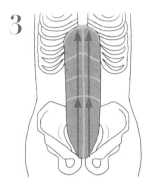

外腹斜筋

外腹斜筋は、斜め下に向けてさすります。

腹直筋

腹直筋は、恥骨からみぞおちに向けて、縦にさすります。そのとき、2段階に分けてさすると効果的です。

point

・あくまで、"軽く" さすること。強すぎると効果が落ちます。筋肉にちゃんと触れているかわからないという場合は、触れて2秒待ってからさすると効果的です。
・できているかどうかの判断は、さする前と後で、脚を後ろに上げやすくなっているか比べてみましょう。片側ずつさすってみると、脚の上げやすさや感覚の違いがよりわかりやすいです。

腸腰筋×脚上げ
「お腹を使って脚を上げて！」の意味

　「もっとお腹を使って脚を上げて！」「胸の下から脚が生えてると思って使って！」などとアドバイスを受けた経験はありませんか？

　解剖学的な腹筋でいうと、「脚を上げる」役割のある腹筋はありません。では、どこのことなのか？　それが、お腹の奥と骨盤から脚の付け根につく腸腰筋と呼ばれる筋肉です。

　教室によってはここも含めてお腹としていることがありますので、ここでは股関節を動かすお腹の筋肉（グループ2 P15）としてお話します。

　腸腰筋は大腰筋と腸骨筋からなり、脚の付け根と、腰、骨盤をつないでいるので、脚の付け根を体の真ん中に近づける（前ももが顔に近づく）ように使うと、腸腰筋を使って脚を上げやすくなります。

「それじゃ、腸腰筋をいっぱい鍛えれば脚が上がる？」と思うかもしれませんが、単独では難しいところなんです。まず、グループ1の腹筋が骨盤と肋骨、背骨をズレないように支えてくれることで、腸腰筋が使いやすくなり脚も上がりやすくなります。

バレエのレッスンはすべての動作で
腸腰筋を使う！

　実は、バレエの動作というのはすべからく腸腰筋が使われています。腸腰筋は骨盤を通して腰と脚の付け根につきます。ですから、脚を使うときに、腰が縮むと腸腰筋がうまく働きません。つまり、脚を動かすときに腰を伸ばすことを意識しながらやるだけでも大腰筋に効かせることができます。さらに、それを骨盤を平行に保ちながら行うことで、腸骨筋も使うことができます。

　レッスンのなかで腸腰筋を鍛えたいなら、

「骨盤平行、腰伸ばす」がキーワードです。

腸腰筋リリース

腸腰筋は、腰からはじまる大腰筋、骨盤からはじまる腸骨筋が合わさったものです。

脚を前に上げるメインの筋肉で、バレエのテクニックでは、バットマンとデベロッペのときによく使います。

脚上げ自体は太ももの他の筋肉を使いますが、脚の高さが90度以上になると腸腰筋の動きが中心になります。

前に向かって体を折り曲げるカンブレをしたときに腰が曲がるのをガイドしたり、腰を左右に曲げるときにも関わります。腸腰筋が硬いと、腰が曲がって体全体のバランスが崩れます。

✕ 腸腰筋が使えていないと…

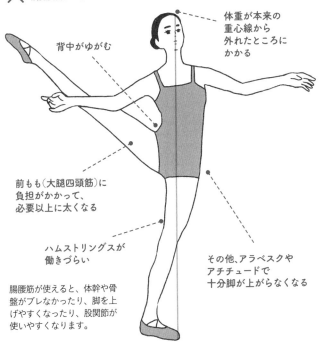

体重が本来の
重心線から
外れたところに
かかる

背中がゆがむ

前もも（大腿四頭筋）に
負担がかかって、
必要以上に太くなる

ハムストリングスが
働きづらい

その他、アラベスクや
アチチュードで
十分脚が上がらなくなる

腸腰筋が使えると、体幹や骨
盤がブレなかったり、脚を上
げやすくなったり、股関節が
使いやすくなります。

〈 腸腰筋リリースのやり方 〉

腸腰筋を使いやすくするために、硬さをリリースしておくことはとても大事です。

脚上げ、前後開脚、アラベスクが苦手という方は腸腰筋リリースをしておくと体幹が安定しやすくなります。

つま先を伸ばす動作のときにも骨盤がずれにくくなります。

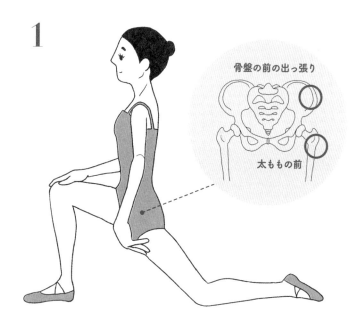

1

骨盤の前の出っ張り

太ももの前

片膝立ちで、脚を後ろに伸ばします

膝がつらい人は、膝のところにクッションを敷いてください。骨盤の前の出っ張りと太ももの前を、つっぱり棒の要領で前後に引き離すように押さえます。この固定で、まず腸骨筋のストレッチを狙います。

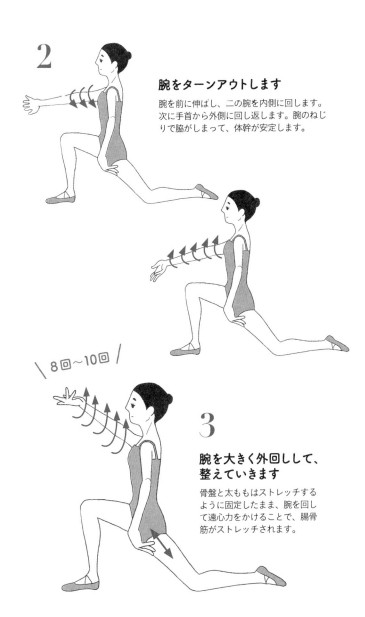

2

腕をターンアウトします

腕を前に伸ばし、二の腕を内側に回します。
次に手首から外側に回し返します。腕のねじ
りで脇がしまって、体幹が安定します。

\ 8回～10回 /

3

腕を大きく外回しして、
整えていきます

骨盤と太ももはストレッチする
ように固定したまま、腕を回し
て遠心力をかけることで、腸骨
筋がストレッチされます。

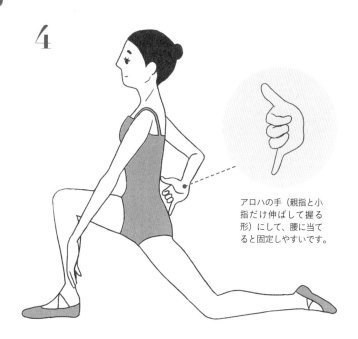

4

アロハの手（親指と小指だけ伸ばして握る形）にして、腰に当てると固定しやすいです。

手で押さえるポイントを変えます。
次は背骨（腰椎）を押さえます

この固定で、次は大腰筋のストレッチを狙います。

1〜6の1周を終えるごとに体勢を直し、腕を変えながら2〜3周すると、股関節がどんどん伸ばせるようになります。1周目と3周目とでは、しゃがみこめる深さや脚の開きや、後ろに伸ばした脚がより内側に入ってくるのがわかります。体幹（軸）がしっかりするのです。

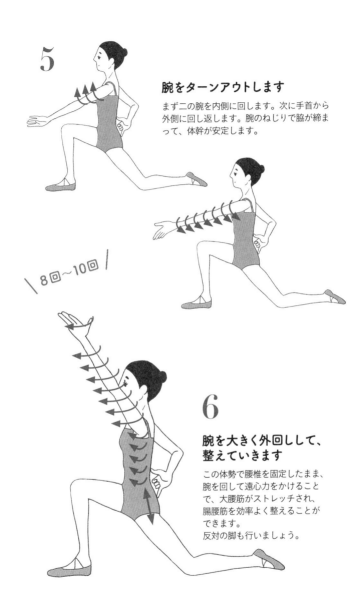

5

腕をターンアウトします

まず二の腕を内側に回します。次に手首から
外側に回し返します。腕のねじりで脇が締ま
って、体幹が安定します。

\ 8回〜10回 /

6

腕を大きく外回しして、整えていきます

この体勢で腰椎を固定したまま、
腕を回して遠心力をかけること
で、大腰筋がストレッチされ、
腸腰筋を効率よく整えることが
できます。
反対の脚も行いましょう。

27

第一章

腹筋グループ❶ バレエ腹筋調整法

筋トレをせずとも、筋肉に働きかけることで踊りに必要な動作をしやすくする方法をお伝えします。

〈内腹斜筋の調整法〉

●**できること**
内腹斜筋と外腹斜筋で、お腹のねじりを強化して、骨盤のズレ、体が開くのを抑える

STEP1　仰向けで膝を立て、ポイントをつまむ

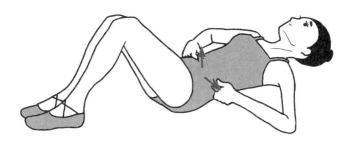

ヘソの高さでお腹の真横にある肉を薄くつまんで上に向かって引っ張ります。内腹斜筋の筋膜にアプローチしやすくなります。

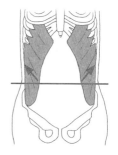

STEP2 膝を左右にゆっくり倒す

ポイントをつまんで上に引っ張ったら、そのままの状態で膝をゆっくり倒します。右にも左にも、膝をゆっくり倒していくと、その過程で内腹斜筋につく筋膜を伸ばしつつ、体幹をねじる範囲を広げられます。

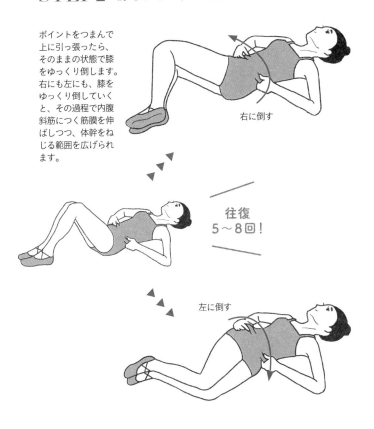

右に倒す

往復
5〜8回！

左に倒す

注意して！

内腹斜筋も外腹斜筋も、膝を早く倒してしまうと、筋肉が縮まって腰が上がってしまったり、他の部分でカバーしてしまうのでストレッチが効きません。ストレッチの意味も込めて、膝はゆっくり倒してください。

〈 外腹斜筋の調整法 〉

内腹斜筋とほぼやり方は同じです。違うのは、押さえるポイントとつまむ方向だけ。

STEP1 仰向けで膝を立て、ポイントをつまむ

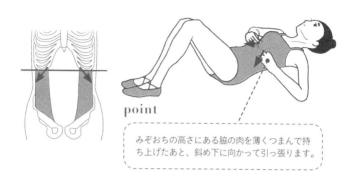

point

みぞおちの高さにある脇の肉を薄くつまんで持ち上げたあと、斜め下に向かって引っ張ります。

STEP2 膝を左右に倒す

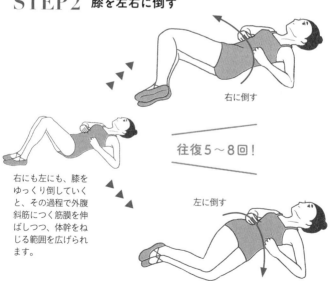

右に倒す

往復5〜8回！

右にも左にも、膝をゆっくり倒していくと、その過程で外腹斜筋につく筋膜を伸ばしつつ、体幹をねじる範囲を広げられます。

左に倒す

応用
腹斜筋＋内転筋の調整法

●できること
軸の安定、5番ポジションでの骨盤のズレを防ぐ

　腹斜筋と内転筋（P99）を組み合わせて調整することで、「体幹のズレを抑えながら内ももを寄せる」「腹斜筋と内転筋の連動を使う」ことができます。

STEP1

**仰向けに寝て
ポイントをつまむ**

point

> （右脚を広げた場合）右手はみぞおちの高さの脇の肉を薄くつまんで斜め下に引っ張る＋左手はヘソの高さのお腹の真横の肉を薄くつまんで上に引っ張る⇒右脚の内転筋にアプローチ
> （左脚を広げた場合）左手はみぞおちの高さの脇の肉を薄くつまんで斜め下に引っ張る＋右手はヘソの高さのお腹の真横の肉を薄くつまんで上に引っ張る⇒左脚の内転筋にアプローチ

仰向けに寝た状態で片脚を横に広げ、ポイントを押さえます（イラストは左脚を広げた場合）。

STEP2

ポイントを引っ張ったまま、脚を真ん中まで寄せる

＼ 5〜8回 ／

かかとを床につけたまま、擦るように動かすと股関節を開く筋肉も使えるのでおすすめです。両脚行ってください。

〈腹直筋の調整法〉

●できること

お腹を伸ばし、脚を上げやすくする。脚を後ろに上げたとき
にハムストリングスを使いやすくし、体幹を安定させる

STEP1　仰向けに寝た状態で、ポイントをつまむ

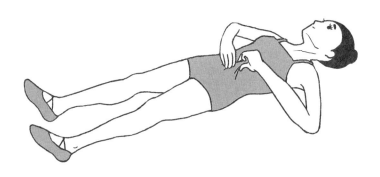

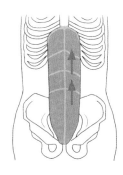

point

ヘソのすぐ横とその下の肉を薄くつまんで
上に引っ張ります。ヘソを境に右側、左側
と分けて行います。

STEP2　膝の曲げ伸ばしをする

ポイントを上に引っ張ったまま、股関節を動かしていきます。足首をフレックスして、かかとを床につけたまま、膝をじょじょに曲げます。そこから元の位置まで脚を伸ばしていきます。これは、プリエの脚の動きです。

\ 片脚2、3回 /

膝を曲げるとき、じょじょにかかとを坐骨に近づけるほど、グランプリエになり、効果が上がります。

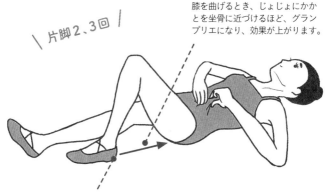

かかとを床につけたまま動かすことで、股関節を開く筋肉も使えるし、腹直筋とペアで働くハムストリングスも使えます。
ポイントを左右入れ替え、両脚行いましょう。

さらに整うコツ！

何回か繰り返したら、押さえるポイントを縦にズラしてみましょう。腹直筋は恥骨からみぞおちまでつながっているので、その範囲で縦につまむ位置をずらしていくとアプローチできる範囲が増えます。

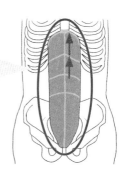

COLUMN　腹筋×アラベスク
～アラベスクで腹筋を使う目的は？～

　それぞれの腹筋が得意な働きをすることで、美しいアラベスクがつくられます。つながりを辿ってみましょう。

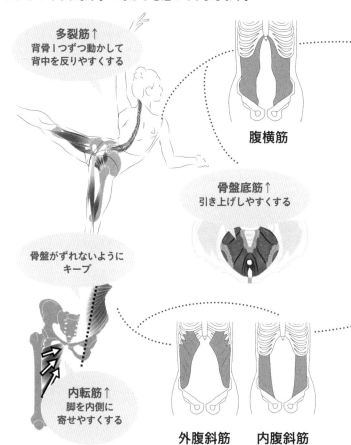

多裂筋↑
背骨1つずつ動かして
背中を反りやすくする

腹横筋

骨盤底筋↑
引き上げしやすくする

骨盤がずれないように
キープ

内転筋↑
脚を内側に
寄せやすくする

外腹斜筋　　　**内腹斜筋**

腹直筋

腰に負担をかけずに
背中を反りやすい

内転筋の上のほうを
使いやすくする

内側ハムストリングス↑
脚を上げやすくする

腰方形筋の調整法

●できること
骨盤がブレないようにすることで、体を横に倒したり、脚を
横に上げたり、骨盤の高さの左右差を防ぐ

　腰方形筋を腹筋といっていいかわかりませんが、ちょうど、お
腹と背中の境目にある筋肉で、一番奥のほうにあります。踊りで
は骨盤を水平にキープする役目があります。骨盤と腰の横、肋骨
の一番下をつなぐので、骨盤を持ち上げたり、肋骨を下に引っ張
ったり、体を横に曲げたり、伸ばして使うことで腰を伸ばしたり
する大切な筋肉です。

　バランスをとったりパッセなどで脚を上げるとき、骨盤を平行
に保つのに使います。腰方形筋の硬さに左右差があると、骨盤の
高さに左右差がでてしまいます。

STEP1 仰向けに寝た状態で、片脚を広げ、ポイントをつまむ

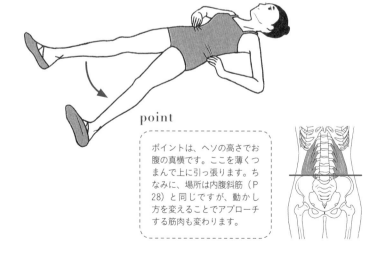

point

ポイントは、ヘソの高さでお
腹の真横です。ここを薄くつ
まんで上に引っ張ります。ち
なみに、場所は内腹斜筋（P
28）と同じですが、動かし
方を変えることでアプローチ
する筋肉も変わります。

STEP 2 脚を開いて、閉じる

横にさらに開いて、閉じるを繰り返して広げる範囲を増やしていきます。自分が広げられるマックスの範囲を3～5回に分けてじょじょに上げていくことで、広げやすくなっていきます。

開いて閉じるでじょじょに可動域を広くして

骨盤をズラさずに脚を広げる範囲が増えます

つま先が天井を向いたまま広げる範囲を増やすのがコツです！

かかとは床についたままのほうが、股関節を回す筋肉も同時に使えます

踊りながらバレエ腹筋を
使えるようにする

呼吸を使ってさらにバレエ腹筋を鍛える！

「センターで踊り出したとたんお腹が抜ける」というように、動き出すと体幹が維持できないというご相談をとても多くいただきます。どんなに筋肉を鍛えても踊りのときに生かすことができなければ意味がありませんね。そこで、イチオシなのが呼吸をうまく使うことです。

呼吸で使う腹筋との連動で背骨と骨盤が安定＝
軸ができる！

呼吸をするとき、横隔膜と腹横筋はペアで働きます。吸うときは横隔膜が、強く息を吐くときは腹横筋が働いて、背中のコアな腹筋の多裂筋や骨盤底筋に働きかけます。そうすることで、背骨と骨盤が安定して軸ができるのです。

実際に、これが踊るときにどう関係しているかというと、たとえば、バレエでは、ピルエットなど回転をするときに「顔がつきやすい」「回転軸がブレない」「手を使わなくても回れる」。アラベスクだったら「お腹が落ちないようにしまい込む」「体幹の力を

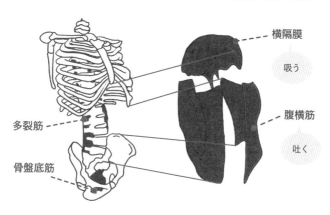

横隔膜

吸う

多裂筋

腹横筋

吐く

骨盤底筋

手脚に伝わりやすくしてくれる」「背中を反るときに背骨を１つ
ずつ使って反れる」というようなメリットがあります。コアの筋
肉が使えないと、これらがみなできないため、軸がブレて回りづ
らかったり、腕を使って遠心力で回ってしまったり、顔がつけら
れない、背中が反りづらい（硬い）、体を支えるときに前腿の筋
肉にすごく力が入る、といったデメリットがあります。

骨盤底筋は「骨盤を下から支える」

　骨盤底筋というのは、呼吸、歩行、排泄から生殖まで生
きるうえで大切なことに関わっている筋肉ですが、バレエ
においてもとても大事だったりします。骨盤底筋は、骨盤
の下から筋肉のフタをして内臓が落ちないように支える働
きをしています。ハンモックみたいなものです。
　腹横筋は骨盤の上、骨盤底筋は骨盤の下側を安定させる
働きがあるのです。同時に働かせることによって、姿勢が
崩れないようにキープしています。
　骨盤底筋の弱さは、恥骨周りの硬さや、骨盤の下とつな
がる筋肉に影響がでます。たとえば、脚をセンターに寄せ
たりするときに外ももの筋肉に力が入って内転筋を使えな
い、といったときは、骨盤底筋を鍛えてあげることによっ
て脚を中心に持ってきやすくなります。

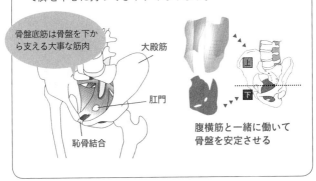

骨盤底筋は骨盤を下か
ら支える大事な筋肉

大殿筋

肛門

恥骨結合

腹横筋と一緒に働いて
骨盤を安定させる

呼吸でバレエ腹筋を強化する
2つの鍵

なぜコアの腹筋が強かったり弱かったりで、軸を左右するような違いが出るのか。その鍵になるのがこの2つです。

鍵❶ IAP（腹腔内圧）

鍵❷ 胸腰筋膜

❶腹筋の強さを決めるIAP

まず1つ目のIAPというのは、Intra-abdominal pressureの略で、腹腔内圧のことです。コアの筋肉が働いたときに、お腹の中にかかる圧力のことを言います。

横隔膜と腹横筋と骨盤低筋の3つの筋肉が働くことで、お腹の圧が上がり、体が動くときに内臓に負担をかけないようにしています。

いわゆるバレエで「腹筋が弱い」といわれる人は、このIAPが低い傾向にあります。

❷いろんなところをつなぐ胸腰筋膜

胸腰筋膜は、背中にある筋膜の1つです。ここが硬くなることによって、背骨が安定して反りやすくなります。

この筋膜が動くと、たくさんの部分が同時に働きます。

〈 胸腰筋膜がつながるところ 〉

【骨】
肋骨・背骨・仙骨

【靭帯】
背骨の後ろにある靭帯

【筋肉】
腹筋：腹横筋や内腹斜筋
背中（背中と背中）：脊柱起立筋、多裂筋
背中（背中と別の所）：腰方形筋（肋骨と骨盤）
広背筋（仙骨から腕まで）
体幹から股関節：大殿筋

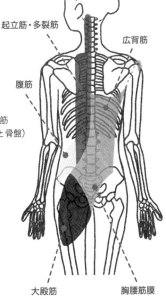

起立筋・多裂筋
広背筋
腹筋
大殿筋
胸腰筋膜

この2つの鍵の働きを一言でいうと

IAPが上がると胸腰筋膜でつながるところが
使いやすくなる
‖
お腹の力が上がって体幹が強化されて
バランスがキープしやすい！

　となります。本来これは、踊ってるときや手脚を動かして移動
するときなど、無意識下、つまり自動で起こることです。このメ
カニズムを踏まえて、コアを鍛えたり、連動を踊りに活かすこと
が上達の近道になります。

呼吸とツボで
バレエ腹筋を鍛える

　筋トレしろといわれても、プランクでは腕の力が足りず支えきれないとか、大人になってからバレエをはじめた人の場合は、それぞれに体のくせもあり、不要な箇所に力が入ってしまって思いどおりの効果が出にくいこともあります。

　呼吸を使った方法なら、もっと簡単にコアの筋肉をトレーニングでき、53〜54ページの筋トレの効果を補うこともできます。

レベル❶

ＩＡＰを上げる呼吸とツボ

横隔膜、腹横筋、骨盤底筋の筋肉を、ツボと呼吸を使って働かせる練習をしましょう。

 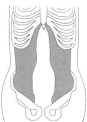 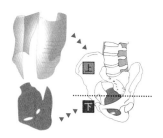

⇒こんな人におすすめ

・プランク系が苦手（腹筋が弱く、腕ばかりで体を支えてしまうタイプ）。
・踊っているうちに「お腹が出る」「お腹が落ちる」。
・体重移動が苦手で動きがワンテンポ遅れてしまう。
・片脚立ちが苦手。片脚で立とうとすると、腰が動くか、膝が曲がる場合は、手脚だけ動いて軸の体重移動ができていないことが多い。

バレエ腹筋呼吸体操
基本のやり方

　この方法は3つのステップで行っていきます。なお、P10〜11のレッスン前に行うといい「おなかつまみ呼吸」と似ています。あちらは筋膜を使っていて、こちらではツボを使っています。人によって効果的な反応が違うためご自身に合うほうを採用してください。

STEP1
ツボを押さえる

鍛えたい筋肉の場所に近いツボを押さえることがスイッチになり体が反応します。

STEP2
息を吐ききってから咳をする

ゴホゴホ

「息を強く吐く」「咳をする」ことで腹横筋を使ってIAPを上げます。息を吐ききった後に、咳をすると、ツボで押さえた部分が硬くなります。

STEP3
ツボで押さえた部分の硬さを
キープしながら深呼吸

鼻で深呼吸

この硬さをキープしながら、深呼吸をします。深呼吸は、鼻で吸って口から吐きます。

基本的には、この3つのステップで鍛えていきます。ツボの位置や体勢は変わりますが、基本ステップは変わりません。

\ 基本：バレエ腹筋全般に効く！ /

ツボ❶ 横隔膜＋腹横筋にアプローチ

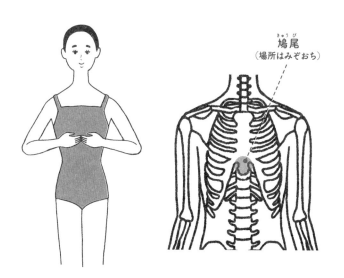

鳩尾（きゅうび）
（場所はみぞおち）

やり方

❶鳩尾のツボを両手で押さえます。強さは、軽く押さえる程度で結構です。

❷息を吐ききります。吐ききったら2回、咳をする。

❸咳をすると、押さえたところが硬くなります。その硬さをキープして深呼吸をする（最初のうちは咳をしたときの硬さをキープして深呼吸すると、押さえたところの力が抜けやすいので要注意）。

　強度を上げる場合は、❸の深呼吸で吐ききった後にさらに2回咳をして、さらに腹圧を上げます。

　慣れないうちは、「腹筋つりそうでしんどいなー」と思うかもしれません。その場合、❸は省いても大丈夫です。

　これで横隔膜と腹横筋に力が入ります。この方法だけでも十分にお腹に力を入れることができます。

\ヨコ腹筋強化に！/

ツボ❷ 腹横筋をメインにアプローチ

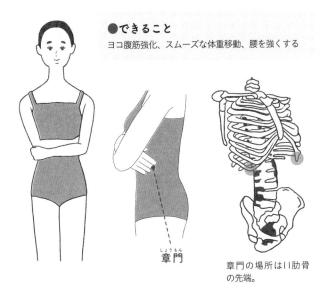

●**できること**
ヨコ腹筋強化、スムーズな体重移動、腰を強くする

章門

章門の場所は11肋骨
の先端。

やり方

❶章門のツボを押さえる（両手でお腹を押さえるように持って脇
の中指が当たるところ）強さは、軽く押さえる程度で結構です。
❷息を吐ききります。吐ききったら2回、咳をする。
❸咳をすると、押さえたところが硬くなります。その硬さをキー
プして深呼吸をする（最初のうちは咳をしたときの硬さをキープ
して深呼吸すると、押さえたところの力が抜けやすいので要注意）。

　強度を上げる場合は、❸の深呼吸で吐ききった後にさらに2回咳をして、さら
に腹圧を上げます。
　慣れないうちは、「腹筋つりそうでしんどいなー」と思うかもしれません。そ
の場合、❸は省いても大丈夫です。

\ 骨盤底筋強化！/

ツボ❸ 腹横筋＋骨盤底筋にアプローチ

●できること

引き上げ、体が軽く使えてルルベでふくらはぎの負担を軽減、骨盤が立ちやすい、内転筋が使える（外ももの負担軽減）、5番に入りやすい

関元というツボとケーゲル体操という骨盤底筋トレーニングを組み合わせる方法です。ケーゲル体操というのは、病院などで骨盤底筋をトレーニングするときに指導される科学的にも根拠のある方法です。

・仰向けに寝た状態でお尻を持ち上げる

・肛門を締めるように力を入れる

こうすることで、骨盤底筋のトレーニングになります。

\ 1セット×8回 /

関元

やり方

❶仰向けに寝た状態でヘソ下約9センチ（指4本分下）の関元を押さえる。強さは、軽く押さえる程度で結構です。

❷お尻を持ち上げてから肛門を締める。

❸息を吐ききって咳を2回する。

❹ヘソ下あたりが硬くなってきたら、押さえた位置と硬さをキープしながら深呼吸を2～3回していきます。

慣れないうちは、この「お尻を持ち上げてから肛門を締める」動作が結構難しいかもしれません。

大臀筋に力が入ってしまう場合は、トイレを我慢するような感じの力の入れ方を想像してもらうと、肛門が締めやすくなります。

背中のねじりもプラスして
コアを鍛える

次は、ＩＡＰを上げて腹筋を強くした状態から、さらに背骨の回旋も加えていきます。胸腰筋膜と背中のバレエ腹筋、多裂筋にも働きかけ、さらに軸、体幹がつくりやすくなります。

こんな人におすすめ

・片脚で立ったときに右と左で差がある
・床が押せない、つき刺せない
　（ポワントで立ったときに膝が曲がっ
　てうまく床につき刺せない）
・ピルエットなどの回転系が苦手
　（顔もつけづらい）
・背中が硬くて後ろに反れない、
　脚が後ろに上がりづらい

▼

背骨の回旋が足りないせいでターンアウトがほどけやすいことが原因の１つです。コアの筋肉を使うことでレッスンでのやりづらさを減らせます。

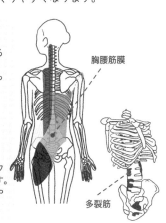

胸腰筋膜

多裂筋

背骨のねじりの原則

「背骨をねじる」というと、後ろを振り向いたり体をねじらないとダメかなと思うかもしれません。実は、背骨は横に倒すと、回旋するという特徴があります。カップリングと呼ばれるシステムです。右側に倒したら、左に回旋する。左に倒したら、右に回旋するのです。ですから、わざわざ体を捻らなくても横に倒すだけで十分ねじりの効果がありますし、左右両方に倒すことで体幹を安定させることができます。

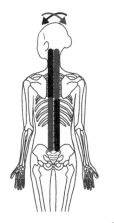

背中ねじりコア体操
基本のやり方

この方法は4つのステップで行っていきます。

STEP1
体を横に倒す

体を横に倒して、背骨を回旋させます。こうすることで多裂筋が使えます。また、耳の後ろのでっぱり(乳様突起)を少し下に引っ張るように押さえながら、体のサイドライン(体側)を伸ばします。

乳様突起は、体の横のラインのつながりをまとめてストレッチできるスイッチの役割があります。このつながりは経筋といって、首の筋肉(横)、肋骨の中の筋肉(内・外肋間筋)、脇の筋肉、広背筋、お尻の筋肉、腸脛靭帯、腓骨筋など、体の横をつないでいます。

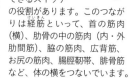

STEP2
ツボを押さえる

呼吸を使ってコアの筋肉を鍛えていきます。使うツボは鳩尾です。

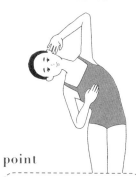

point

耳たぶの後ろのポコッと出っ張ったところ(乳様突起)を押さえながら少し下に引っ張る。

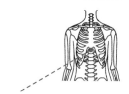

みぞおちにある鳩尾の役割

①背中を横に曲げるときの支点
②横隔膜と腹横筋へ同時にアプローチできる
③背中を曲げるときの軸としても使うことができる

床がしっかり押せるメリット

踊りながら床を押す感覚がわからないというのは、体を上にひっぱり続けることができないため、前後左右に軸がブレてしまうからです。この体操で体の芯を上下にストレッチして体幹を強化すると、バレエの正しい立ち姿勢をキープして床がしっかり押せるようになります。

①胸が開く　②あばらが締まり脇が立つ
③骨盤が立つ　④ターンアウトがしやすい
⑤膝より上は上、下は下に筋肉を送り込む

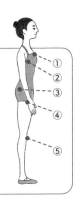

① ② ③ ④ ⑤

\ゴホゴホ/

STEP3
息を吐ききってから
咳をする

「息を強く吐く」＋「咳をする」ことで腹横筋を使ってIAPを上げます。息を吐ききった後に、咳をすると、ツボで押さえた部分が硬くなります。

鼻で吸って
口から吐く

STEP4
ツボで押さえた
部分の硬さを
キープしながら深呼吸

この硬さをキープしながら、深呼吸をします。深呼吸は、鼻で吸って口から吐くように行います。

＼ レッスン中もできる ／
軸とりチューニング

体を中心にそろえて
体幹を使いやすくする2軸体操

この方法は、右軸と左軸を中心に近づける、つまり、軸を集めて体幹を使いやすくします。

― 働きかける筋肉 ―

背中の筋肉、腹筋群、腸腰筋（骨盤や股関節に関係ある筋肉）、内転筋などを使い、バラバラだった動きをまとめる。

一般的に日本人と欧米人の軸の取り方には違いがみられます。バレエのように、軸を中心に集めて踊る使い方は欧米の人のほうが向いています。彼らは、元から一軸の使い方ができる人たちなので、あまり苦労せずにバレエの動きになじみます。

あいにく、日本人の多くはこのタイプの軸の取り方に慣れていません。だから、中心からズレて「体が開く」という問題に直面するんです。

たとえば、アラベスクで体が開くとか、5番ポジションにするときにお尻を振るとか、縦スプリッツで脚を伸ばそうとすると骨盤がズレるというのはこの影響を受けています。

そこで、二本の軸をじょじょに中心に近づけることで、安定して体幹を使いやすくするための方法、「2軸体操」をご紹介します。

わかりやすく「体操」という形をとっていますが、歩くときにこの方法を応用すれば、歩いているだけで軸を中心に集める練習ができます。

バレエのレッスン中でも、この軸を意識した歩き方をすることで、体幹が使いやすくなります。

STEP 1　まっすぐ前を見て立つ

point

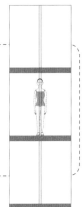

あなたがビルの何階かにいて、縦の線が、1つ上の階の天井と、1つ下の階の床まで届いている長さでイメージしてみましょう。この距離感で動けると、より多くの筋肉を働かせることができ体操の効果が上がります。

まず、こぶし1個分足を開いて立ち、まっすぐ前を見ます。そして、目の黒目の位置を通る縦の線をイメージします。

STEP 2　黒目を通る線に合わせて脚上げする

このとき、脚を上げるとバランスがとれないという方は、足踏みでも大丈夫です。続けていくうちに軸が安定してくるので、じょじょに脚は上げやすくなっていきます。

この縦の線の幅と、足幅をだんだん狭くしていきます。
黒目を通る線→目頭を通る線→眉間を通る線と幅を狭くしていって、その線の幅で脚上げをする。これを繰り返して軸を中心に寄せていきます。

STEP 3 目頭を通る線に合わせて脚上げする

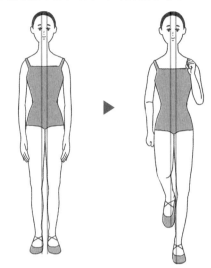

STEP 4 眉間を通る線に合わせて脚上げする

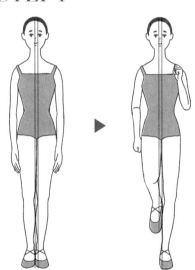

眉間のときの両足は、土踏まずと母趾（足の親指）をつける感じになります。

＊行う前後で、腹筋のトレーニングがやりやすくなるか、5番ポジションで立ったときに、骨盤のズレや脚の付け根の外側のつっぱりが減っていたら効いている証拠です。

目的で分けて弱点カバー

バレエ腹筋や体幹の軸を鍛えるために、体幹の筋トレやその筋持久力のアップを図ることは大切です。ただ、目的と違うところに働いてしまうと元も子もありませんので、紹介しているチューニングで整えつつ行ってみてください。効果も倍増するでしょう。

「腹筋全体が弱い」⇒
IAPを上げることができる運動
プランク、サイドプランク

＊プランクは腹圧を上げた（腹横筋を使う）状態で背中を支える多裂筋を鍛えることがメインになります。

「手脚を動かすとき胴体がブレる」⇒
胸腰筋膜を鍛える運動

手脚を交互に伸ばしたり支えたりする運動

＊胸腰筋膜を使って体幹と手脚をつなげて使う
練習になります。

「腰痛、脚が上がらない（とくに前方）」⇒
腸腰筋を鍛える運動

レッグレイズ（脚上げ）、V字キープ

＊レッグレイズは、腰が床
から浮かないようにお腹を
凹ませて、体幹を使いやす
くしてから行いましょう。

「肘が落ちる、肩が上がる、ターンアウトが
維持できない、ルルベでグラグラしやすい」⇒
骨盤底筋を鍛える運動

V字キープ、ボールプッシュ
（内ももにボールをはさむ）

骨盤底筋は骨盤を下か
ら支える大事な筋肉

大殿筋

肛門

恥骨結合

＊V字キープは、手をアンオーにするのがつらい
場合は手を前に出してもOK。

54

2章

美しく強いポワントをつくる
足のバレエ筋肉を鍛える

美しく強いつま先を
手に入れるには？

　バレエの醍醐味の1つは、つま先で立って踊るポワントです。そのようなことをするダンスはバレエを除いてありません。

　ただ、日常生活でつま先を伸ばしきって歩くなんてことはまずありませんし、大人からバレエを始めた方は、「足首や足裏、指の筋肉を踊りでどう使うのが正しいのか」「よりきれいなポワントを目指すにはどう鍛えたらいいのか」「ポワントにするにはドゥミポワントを通るというアドバイスをされたけれどドゥミを通ることができない」など、さまざまな悩みを抱えやすいところだと思います。

　また、足の筋力は、ポワントを履く以前に、「床を押す」という点において、とても重要になってきます。

足首を強くすることから

　先生からも「もっと足を強く！」「つま先伸ばして！」って言われた経験があるかもしれません。でも、足のどこから鍛えればいいのかわからない人も多いでしょう。足裏の筋力をつけることも大切ですが、美しく強いつま先を手に入れるためには、まず足首の強さが重要です。

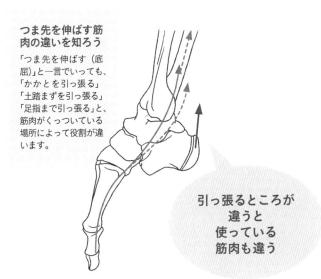

つま先を伸ばす筋肉の違いを知ろう

「つま先を伸ばす（底屈）」と一言でいっても、「かかとを引っ張る」「土踏まずを引っ張る」「足指まで引っ張る」と、筋肉がくっついている場所によって役割が違います。

引っ張るところが
違うと
使っている
筋肉も違う

つま先を伸ばす筋肉たち

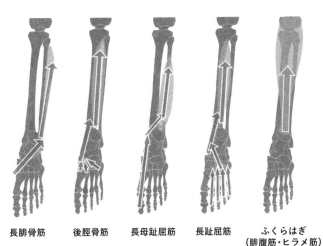

長腓骨筋　　　　後脛骨筋　　　　長母趾屈筋　　　長趾屈筋　　　　ふくらはぎ
　　　　　　　　　　　　　　　　　　　　　　　　　　　　　　　　（腓腹筋・ヒラメ筋）

長腓骨筋

- つま先を伸ばす(足関節底屈)／
  ルルベ、ポワント
- 足首を外側に向ける(足関節外反)／
  足首のターンアウト

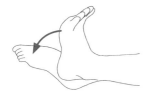  

後脛骨筋

- つま先を伸ばす(足関節底屈)／
  ルルベ、ポワント
- 足首を内側に向ける(足関節内反)

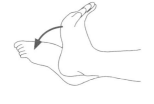  

長母趾屈筋

- つま先を伸ばす（足関節底屈）／
  ルルベ、ポワント
- 母趾を曲げる（母趾IP関節屈曲）／
  ドゥミポワント
- 足首を内側に向ける（足関節内反）

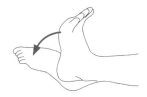  

長趾屈筋

- つま先を伸ばす（足関節底屈）／
  ルルベ、ポワント
- 2〜5趾を曲げる（母趾IP関節屈曲）／
  ドゥミポワント
- 足首を内側に向ける（足関節内反）

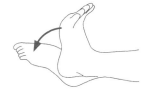  

まとめると、同じ「つま先を伸ばす」でも、こんなふうに使う筋肉が違います。

かかとを引っ張る　　：**ふくらはぎ**
土踏まずを引っ張る：**後脛骨筋、長腓骨筋**
指まで引っ張る　　：**長母趾屈筋、長趾屈筋**

一番パワーが
あるのは
ふくらはぎ！

ふくらはぎのパワーに頼って
ルルベをしていませんか？

「ふくらはぎばっかり太くなる」「アキレス腱やかかとが痛くなることがある」としたら、他が疲れて（使えてなくて）、ふくらはぎで頑張ってしまい、かかとで引っ張り過ぎている可能性大です。でもふくらはぎばかりに頼っていては、負担が大きく、美しく強いつま先で踊ることはできません。

では、どうしたらふくらはぎばかりに頼らず、かかとを痛めることなく、足首を強化できるか……。そのポイントが、

フレックスです！

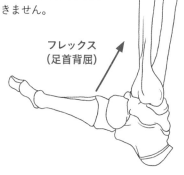

フレックス
（足首背屈）

つま先を伸ばすのと逆の動き？　って思いますよね。そこには、足の構造にヒミツがあります。

足の構造は大きく2つのパーツがあり、内側と外側それぞれセットで働きます。

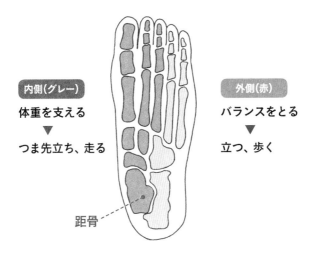

内側（グレー）
体重を支える
▼
つま先立ち、走る

外側（赤）
バランスをとる
▼
立つ、歩く

距骨

ポイントは、距骨の動き

距骨が動くことで、足首も強くなるし、つま先も伸ばしやすくなります。

距骨が含まれるのは、内側のグループ（グレー）。ふくらはぎが強いときは、かかと（赤）を引っ張るので、距骨を動かしていません。

でも、つま先を伸ばすときは、ふくらはぎが一番強いので、普通にルルベをすると、やっぱりかかとを引っ張りやすいのです。

つまり、あらかじめウォーミングアップやレッスンでフレックスをして距骨を動かしておくことで、ルルベをしたり、ポワントを履いたときにふくらはぎ以外の筋肉も使いやすくできます。

つま先をきれいに伸ばしたいなら フレックスが重要！

バレエのレッスンは、つま先を伸ばす前に必ず、フレックスの要素が入っています。

① プリエ

プリエで、しゃがむのが止まったところでフレックス（足首を反る動き）しています。

ポイントは、プリエでフレックスしても指は浮かさないこと。 そうすることで、膝が横に開いてもう一段深くしゃがむことができます。

加えて、股関節も使いやすくなり、アキレス腱も伸びます。

② タンデュ

タンデュで、伸ばした脚を戻すときに床を擦る動きでフレックス（足首を反る動き）が含まれます。

ポイントは、床をしっかり擦ること。そうすることで、次に脚を伸ばすときに、よりつま先が伸ばしやすくなります。

加えて、ターンアウトしやすくなり、骨盤をズレないようにキープすることで体幹も強化できます。

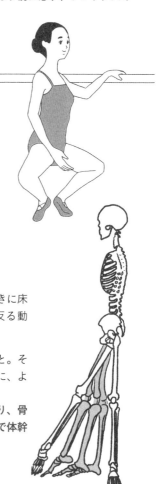

足の運動と踊りの関係

足の運動を大きく分けると、3つのパーツに分かれます。

① 縦の動き

底屈
(ポアントのようにつま先を伸ばす動き)
背屈
(フレックスのように持ち上げる動き)

底屈は、ドゥミプリエ、ポワント、ターンやジャンプで床を押す力を上げます。また、ジャンプの着地でドスンと落ちないようにショックを吸収するときにも使います。

背屈は、本来はつま先や甲を持ち上げる動きですが、踊りの中では底屈のサポートをします。前述したように、フレックスがあることで、距骨という足首の中の骨が動き、ポアントの可動域を増やしたり、足の指を離したまま伸ばしたりすることができます。

② 縦の動き

内返し、外返しなど

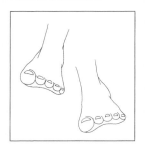

内返しは、プリエなどで土踏まずがつぶれて床についてしまうロールインを防ぎます。ただこれが強すぎると鎌足になるので、外返しでそれをまっすぐにします。

③ 足裏や指の動き

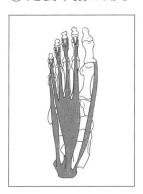

指や足裏は、大きくまとめると指の曲げ伸ばしとアーチを支えるために使います。

それぞれの動きに対して、メインで使う筋肉とサブで使う筋肉を表でまとめました。

メインはその動きや筋力担当で、サブは効率よく動かす調整役のようなものです。

運動	メインで使う筋肉	サブで使う筋肉	使い過ぎのサイン
底屈（ポワント）	下腿三頭筋	後脛骨筋 長母趾屈筋 長趾屈筋 長・短腓骨筋	アキレス腱やかかとの痛み
背屈（フレックス）	前脛骨筋 長趾伸筋	長母趾伸筋 第三腓骨筋	脛の疲れ、足首の前の痛み
内返し	前脛骨筋・後脛骨筋	長母趾屈筋 長母趾伸筋 長趾屈筋	プリエの時土踏まずが床につく、つぶれる
外返し	長・短腓骨筋 ②	長趾伸筋 第三腓骨筋	脛の外側が張る
指と足裏	屈曲 長母趾屈筋・長趾屈筋／伸展 長母趾伸筋 長趾伸筋	内在筋（十種類以上）	アーチが崩れる

①

注目してほしいのは、底屈（ポワント）と、背屈（フレックス）は、他の動きで使う筋肉と重なっているということです（①②）。つまり、底屈と背屈がしっかりできるようになっていると、他の動きにも使えるのです。かぶらないのは、指と足裏の動きのサブで使う内在筋です。

内在筋を鍛えて甲出しする

甲を伸ばすために知っておきたいアーチの役割

　甲が伸びない、もっと甲を出したいといった悩みをよくいただきますが、これにはアーチが関係しています。

　アーチには大きく分けて2つの役割があります。

① 衝撃を吸収するクッション

　アーチは、縦と横にあって足を支えています。

横のアーチ
アーチの高さ

内側の縦アーチ
方向を変える、
片足立ちの
体重移動

外側の縦アーチ
立っているときの安定

内側の縦アーチ

　足の親指〜中指の付け根（1趾〜3趾）〜かかとにかけてつながります。土踏まずをつくるのもここです。方向を変えるときや、片足で体重を移動するときに足を支えます。ルルベやポアントで立つときに体重を支えるのはこっちです。

外側の縦アーチ

　薬指と小指（4趾・5趾）の付け根〜かかとにかけてつながります。立っているときに足を支えます。動いているときはバランスをとる役割です。

横アーチ

　指の付け根と甲の部分を横につないでアーチの高さをつくります。特に指の付け根あたりの横アーチが潰れると、足の人差し指や中指（2趾3趾）の裏にタコができたり、この辺りが痛くなります。

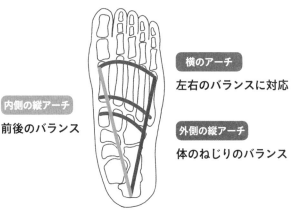

② 体のバランスをとるセンサー

縦と横のアーチが全身のバランスを支えています。

横のアーチ
左右のバランスに対応

内側の縦アーチ
前後のバランス

外側の縦アーチ
体のねじりのバランス

以下のような状態はうまくセンサーが働いていません。

×グラグラする

外反母趾や扁平足などで内側のアーチが働かないと、前後のバランスがとりづらく、頭が前に行ったり後ろにいったりグラグラします。

×鎌足、ターンアウトがキープできない

ルルベやポワントで外側体重になると、外側のアーチでバランスをとる仕事ができないので、ターンアウトがほどけやすくなります。鎌足になったり、パッセで膝が内側に向いて開きづらかったり、ピルエットなどの回転もしづらくなります。

×片脚立ちがしづらい

指や足裏の筋力が弱くて横アーチが弱まると片脚立ちがスムーズにいかなくなります。

アーチ復活ワーク
足裏の筋肉711（セブンイレブン）に沿ってなぞるだけ

●鍛える：アーチ

「じゃ、アーチが崩れたときにはどうすればいいの？」って思いますよね？　すぐできる対策は、それぞれのアーチをつくる筋肉を使いやすくすることです。

　眠っている筋肉を起こす方法で使えるのが、筋肉に沿って軽くさすることです。

　足裏の筋肉でアーチの復活に使う筋肉は、以下です。

触れて2秒待ってからさするとちょうどいい深さの筋肉に効きます。

横アーチ：母趾内転筋（ぼしないてんきん）

外側アーチ：小趾外転筋（しょうしがいてんきん）

内側アーチ：母趾外転筋（ぼしがいてんきん）

　母趾内転筋は、小指の付け根から親指の付け根を通って土踏まずに向かいます。数字の7の形に似ています。

　小趾外転筋と母趾外転筋は、それぞれ指の付け根からかかとに向かいます。

　それぞれの筋肉のつきかたをデフォルメすると、7と11の形に似ているので、私は足裏の711（セブンイレブン）と覚えています。

point

・わからなくなったらとりあえずかかとに向かってさすればOK。
・軽くさすりましょう（あまり強いのはNG）。

フィブラフレックス

●鍛える：足首の調整と足裏強化

　足首と足の動き（底屈、背屈、内返し、外返し）をまとめて整えて強化する方法です。

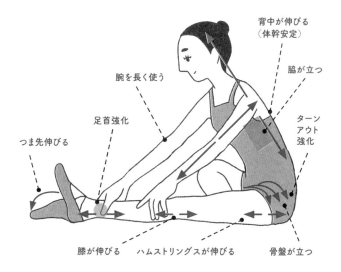

背中が伸びる
（体幹安定）

脇が立つ

腕を長く使う

ターン
アウト
強化

足首強化

つま先伸びる

膝が伸びる　　ハムストリングスが伸びる　　骨盤が立つ

　この方法のメリットは、膝と足首を調整するだけで全身が伸びるように筋肉に働きかけることができる点です。
　ただし、そのためには骨盤を立てて長座をする点がポイントになってきます。正しい長座をしてフィブラフレックスを行うと、図のような効果がいっぺんに感じられるので、レッスン前のワークとしてもとても有効です。
　両脚揃えての長座がなんなくできる方は問題ありませんが、片脚ずつ行うことでも同じ効果が得られますので、自分の体と相談しながら行ってください。

〔準備〕

❶片脚を伸ばして座り、腕のターンアウトをします。腕をターンアウトするとこの後、手が届きやすくなります。

（長座［両脚を伸ばすこと］ができる人は、長座で構いません）

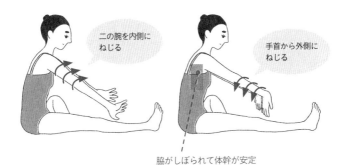

二の腕を内側に
ねじる

手首から外側に
ねじる

脇がしぼられて体幹が安定

❷膝下とくるぶしの上を押さえます。膝下から足首の骨を固定することで、この後のステップで距骨を使って足首を動かせるようになります。

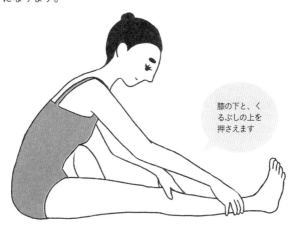

膝の下と、く
るぶしの上を
押さえます

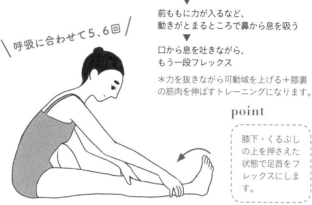

やり方

❶足首をフレックスにします

足首をフレックスしていく
▼
前ももに力が入るなど、
動きがとまるところで鼻から息を吸う
▼
口から息を吐きながら、
もう一段フレックス

＊力を抜きながら可動域を上げる＋膝裏の筋肉を伸ばすトレーニングになります。

\ 呼吸に合わせて5、6回 /

point

> 膝下・くるぶしの上を押さえた状態で足首をフレックスにします。

\ 呼吸に合わせて5、6回 /

❷つま先を伸ばします

❶でフレックスした状態からつま先を伸ばします。

結果的に指はパーに開くようになります

つま先を伸ばしていく
▼
前ももに力が入る、膝が曲がるなど、動きがとまるところで鼻から息を吸う
▼
口から息を吐きながら、もう一段つま先を伸ばす

＊力を抜きながら可動域を上げる＋甲を伸ばす＋膝を曲げずにつま先を伸ばすトレーニングになります。
＊つま先を伸ばすときに、鎌足（足が内側に向いてしまう）になる場合は、先にターンアウトの強化をしておくと、まっすぐ伸ばしやすくなります（P88）。

第2章

ローリングをプラスしてより足首と足裏を強化

❸つま先を伸ばした状態で足首を回す

内側3回、
外側3回

足首を内側に3回、外側に3回回す

▼

膝が曲がる、前ももに力が入るなど、
動きがとまるところで鼻から息を吸う

▼

口から息を吐きながら、回すようにする

＊距骨を中心に足首を動かす運動になります。
＊アラベスクでつま先を上に上げたい（フィッシュ）、鎌足の改善をしたい場
合はローリングまで行うのがオススメです。
＊両脚行ってください。

トーグリップ

すねと足裏の筋肉を鍛えながら、足首と指の動きを分ける

●鍛える：足首、足裏、足指

　足裏を強くするトレーニングといえば、タオルやチューブを使って足の指で掴むトレーニングがありますが、うまくいかない方もいるようです。道具なしでもできる簡単な方法があります。

　足裏が強くなると、ルルベで立ちやすくなるというだけではなく、いろいろなメリットがあります。

・足裏でつかむ力が上がることでバランスアップに。

・足首の動きと指の動きが分けられるので、
　甲を伸ばしやすくなったり、指を伸ばしやすくなる。

・ルルベが高くなったり、つま先が伸ばしやすくなる。

・足裏からつながって動く筋肉（頭から足先まで）も
　同時に使いやすくなる。

・股関節をコントロールしやすくもなる。

　やり方自体はシンプルです。
足首のフレックスをしたまま、
呼吸に合わせて足の指をグー、
パーと握ったり開いたりします。

やり方

❶座った状態で膝を90度に曲げます

＼1日1回以上／

足首を根元からフレックスして、足指を握ります。
息を吸って、吐きながらさらに足指を握ります。

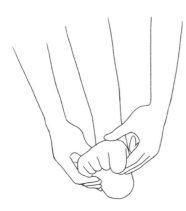

point

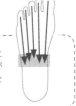

握ったときに
ココまで力が
入るくらいを
目指して。

　足の指を握るときに、指が曲がるのが
気になる方もいるかもしれませんが、大
丈夫。
　足首をフレックスした状態で足の指を
握ったり開いたりすることで、足首の動
きと指の動きを分けて使う練習もしてい
ます。
　指の曲げ伸ばしも足裏の内在筋といわ
れる足裏にある筋肉を使いながら行って
いるので、結果として指を伸ばしたまま
足裏に力が入りやすくなります。

❷今度は足指をパーに開きます。
**　息を吸って、吐きながらさらに広げます**

足首のフレックスをキープしな
がら行うので、足の指を動かす
内在筋が弱いうちは、すねがし
んどいかもしれません。でも、
だんだん足裏の筋肉が強くなっ
てくると、すねも楽になります。
その頃には、つま先もかなり伸
ばしやすくなって、バランスも
安定してくるはずです。両足行
ってください。

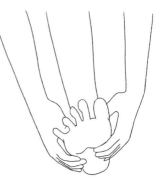

73

足指と体幹の
深〜いつながりを知ろう

バレエでは足指を鍛えるように言われることがあります。

これは、足が強いほうが体を支えやすいとか、つま先を伸ばそうとするとき指が曲がるのを防ぎたいという意味もありますが、東洋医学的な体のつながりでみると、それぞれ足の指が体幹まで連動していることも大きいと思っています。

内側
親指は、体の内側。

後ろ
足の小指（5趾）は、体の後ろ側。

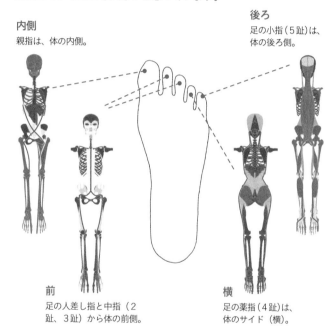

前
足の人差し指と中指（2趾、3趾）から体の前側。

横
足の薬指（4趾）は、体のサイド（横）。

こんなふうに、それぞれつながります。なので、足の指が曲がってしまったり、足裏の筋力が弱くて床をつかむ力が弱いと、結果として、つながっている部分（体幹）も使いづらくなるのです。

自分の足の傾向から、弱い筋肉がわかる！

●外反母趾などで親指が使いづらい人

外反母趾などで足の親指が弱いと、そこからつながって動く内転筋やヨコ腹筋が使いづらかったり、脚の付け根に負担がかかりやすくなります。

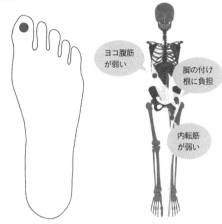

内側

ヨコ腹筋が弱い

脚の付け根に負担

内転筋が弱い

●人差し指、中指、薬指（2・3・4趾）が曲がってしまう人

2・3・4趾が靴に当たって曲がるようなケース、ドゥミポワントで指が曲がってしまうような人は、腹筋が弱かったり、太ももが太くなりやすかったり、つま先を伸ばすときにすねが硬くて甲が伸びにくかったり、お尻や外ももが固くなりやすいです。

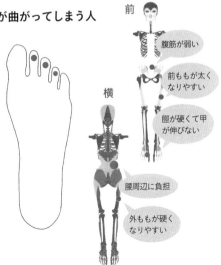

前

腹筋が弱い

前ももが太くなりやすい

横

脛が硬くて甲が伸びない

腰周辺に負担

外ももが硬くなりやすい

●内反小趾などで小指が使いづらい人

小指が使いづらいと、つながって動くハムストリングスや背筋が弱くなったりします。

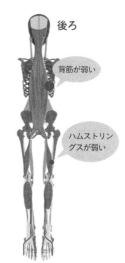

後ろ

背筋が弱い

ハムストリングスが弱い

●浮き指になっている

浮き指があると、前屈などのストレッチをしたときに、体を支えるところが弱いので、外側の筋肉が硬まって体が硬いと感じやすいです。

つまり、足指を鍛えることはつながる部分の体幹強化になるということです！

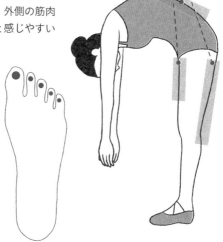

体の外側が硬い

ドゥミポワントの甲出しは
親指のフレックスが大事！

きちんとしたドゥミポワントを保つために働く仕組みが、内側の縦アーチと足底腱膜です。

指の付け根を背屈（フレックス）すると、それに合わせて足底腱膜が働いて甲を高くして足を安定させる仕組みがあります。

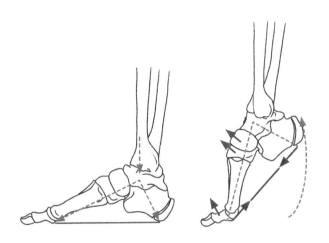

普段立っているとき、体重を支えるためにアーチはやや下がっています。

ドゥミポワントにするときは、指が背屈されることで、足底腱膜が働いて甲を高くします。

この仕組みがあることで、甲が高くなってかかとを高くしても足を支えてくれるんです。

そして、足の甲を高くするには、特に親指（母趾）の「背屈力」が鍵になります。

指、足裏の筋肉とアーチを
鍛える合掌ドーミング

●鍛える：足指、内在筋、アーチ

　足の指、足裏（内在筋）、アーチをまとめて整えて強化する方法です。内在筋が弱い人は習慣にしたいワークです。

　これは、足裏やアーチの強化で使うドーミング[※]というトレーニングを応用したものです。

　ドーミングは足裏の筋肉を鍛えながら、アーチ（土踏まず）を持ち上げることのできるトレーニングなんですが、元々足指が付け根から曲がる人は効率よく足裏まで力が入らないことがあります。そこで、両足いっぺんにやりながら、指が付け根から曲がるタイプの方でもできる方法をお伝えします。

※ドーミング／座った状態で、土踏まずを抜いた足裏全体（指、指の付け根、かかと）を床につける。そのまま、指が浮かないように指の付け根（MTP関節）を床に押し付けることで、土踏まずを持ち上げるトレーニング

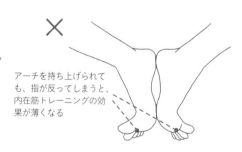

アーチを持ち上げられても、指が反ってしまうと、内在筋トレーニングの効果が薄くなる

やり方

❶床に座って、両足裏をピタッとつけ、両手で足指の付け根を押さえます

膝が持ち上がるのが気になる場合は、ターンアウトと背中の硬さに問題があるので、ターンアウトの調整（P90〜91）や、横カンブレ（P112〜113）などで、ポールドブラを行ってからにしてください。両方の足裏をピタッとつけたまま体勢をキープすると腹筋や内転筋も使うので体幹を鍛えることもできます。

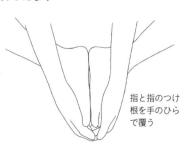

指と指のつけ根を手のひらで覆う

❷お互いのつま先を押し付け合います

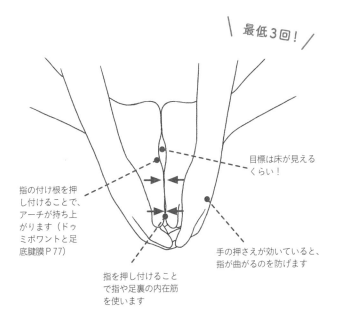

最低3回！

目標は床が見える
くらい！

指の付け根を押
し付けることで、
アーチが持ち上
がります（ドゥ
ミポワントと足
底腱膜P77）

手の押さえが効いていると、
指が曲がるのを防げます

指を押し付けること
で指や足裏の内在筋
を使います

　ポイントは、指の付け根を押し付けてから指を押し付けるよう
にすることです。
　アーチが持ち上がると、合わせた足の間にスキ間ができます
（床が見える）ので、その状態をキープしながら深呼吸を1回して、
その状態を10〜20秒キープします。体勢を整え直し、数回くり
返しましょう。

足指(toe)トレ

●鍛える：甲出し、内在筋、足指

　曲がりやすい足指を伸ばして使えるように矯正しながら、足の甲の関節にもアプローチすることで、足裏（内在筋）の筋力も上げることができるワークです。

　足裏の筋力が上がると、股関節のコントロールがしやすくなります。たとえば、ターンアウトしたり、足を素早く動かしたり、脚を上げるときにプラスになります。

　また、足裏にある内在筋はセンサーの役割もあるので、強化されて足裏の筋力がアップすると、バランスも安定しやすくなります。

〔準備〕

❶椅子に座って、片足を膝の上に乗せます

　足指の間に反対側の手の指を入れて（右足なら左手）、軽く握ります。強く握るのはNG。筋肉がこわばるので、逆効果です。

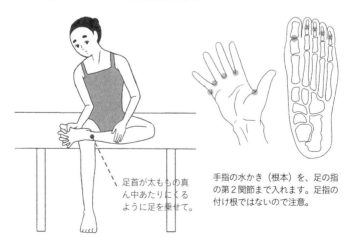

足首が太ももの真ん中あたりにくるように足を乗せて。

手指の水かき（根本）を、足の指の第2関節まで入れます。足指の付け根ではないので注意。

やり方

❶足指をフレックスさせます

手首（母指球、小指球）を足裏につけて、足首をフレックス（背屈）してから、脇を開きます（肘を遠くにする）。

テコの原理で、手首越しに足指と足裏が伸ばされます。強く足指を曲げてしまうと筋肉が緊張して逆効果です。

❷顔を横に向けます

左足をやっている場合は、左に向きます。方向がわからないときは、足裏と逆の方向に向くと覚えてください。

横を向くのは、姿勢反射で、向いた側の筋肉が伸びやすくなるからです。

❸腕をターンアウトします

まず、二の腕を内側にねじり、次に手首から外側にねじり返します。こうすることで、脇がしまって体幹がブレなくなります。

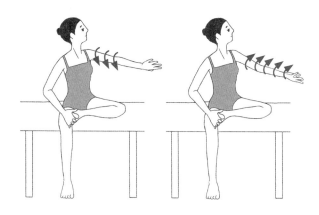

斜め下、前、横、上と分けて回すと効果アップ！

❹腕を大きく回します

慣れないうちは、腕の向きを斜め下の位置で回すと肩がラクです。

腕の方向を分けるのは、バレエのアームスの動きに合わせています。

それぞれの向きで固定されるところが変わるので、効く場所が微妙に違ってきます。斜め下→かかと、前→足の甲、横→足首、上→足指というふうにそれぞれが動きやすくなります。

❺ポワント（足指を伸ばす）にする

〔準備〕に戻り、今度は足首を伸ばして行います。手のひらを足裏に当てて手首を返すと、足指の付け根が伸ばされます。

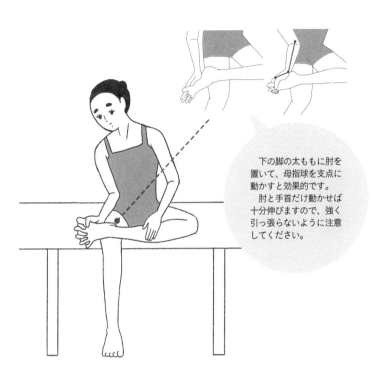

下の脚の太ももに肘を置いて、母指球を支点に動かすと効果的です。
　肘と手首だけ動かせば十分伸びますので、強く引っ張らないように注意してください。

以降、⑥〜⑧は②〜④と同じ要領で行います。

❻顔を横に向けます

❼腕をターンアウトします

❽腕を外回しします

＊時間を空けて１日３回を目安に両足とも行っていくと、じょじょに足指を伸ばしたまま使いやすくなり、足指、足裏が強くなっていきます。

COLUMN　筋膜について
〜体のゆがみをとり、筋肉が働きやすくなる〜

　本書の中でも、たびたび「筋膜」や「筋膜リリース」という
言葉が出てきています。

　ここで基本をお伝えしておきましょう。

筋膜は第2の骨格

　筋膜は、「全身、3次元的につながった結合組織」で「全体
として体のすべての要素（筋肉だけでなく、血管、神経なども
含めて）」を覆っています。

　外見は同じでも、整った筋膜と、よじれた筋膜では、体の内
側は違います。筋膜のハリや硬さにムラがあってよじれがある
と、よじれた部分に痛みがでたり、引っ張られて関節や筋肉の
可動域が下がってしまいます。

筋膜の構造

　なぜ、筋膜がそこまで影響するのか？　筋膜の構造を、少し
掘り下げてみましょう。

　これは、皮膚から筋肉までの断面図です。
筋膜は、深さごとに5つの種類があります。

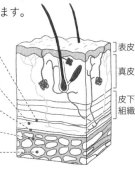

・皮下脂肪の中になる浅筋膜（せんきんまく）
・全身をボディスーツや全身タイツのように覆う深筋膜（しんきんまく）
・筋肉を包む筋外膜（きんがいまく）
・筋肉の中の束を包む筋周膜（きんしゅうまく）
・筋周膜の束のなかの1本1本を包む筋内膜（きんないまく）

表皮
真皮
皮下組織

この中で、問題になるのは、筋外膜と深筋膜です。姿勢が悪いとか、偏った体の使い方をしていると、筋外膜が硬くなって、その硬さが全身を覆う深筋膜に広がってしまいます。

　たとえば、スマホの使いすぎで悪い姿勢が続くとします（①）。筋肉を覆う筋外膜が硬くなります（②）。この硬さは、他の関節や筋肉につながる深筋膜に伝わって、他の関節や筋肉も硬くなります（③）。

　深筋膜は全身をボディスーツのように覆っているので、つながっているところにもその硬さが広がります（④）。その結果、第2の骨格である筋膜が硬まり、悪い姿勢のままの体の使い方がクセになって、悪い姿勢が普通になります（⑤）。よい姿勢をとるほうがつらいといった状態になるのです。

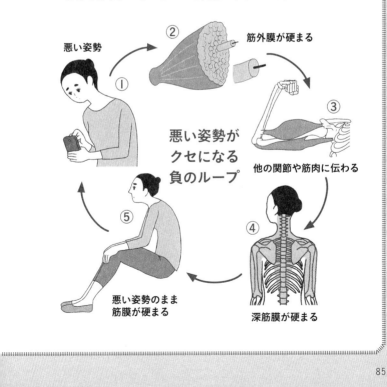

悪い姿勢

② 筋外膜が硬まる

③ 他の関節や筋肉に伝わる

悪い姿勢が
クセになる
負のループ

④ 深筋膜が硬まる

⑤ 悪い姿勢のまま
筋膜が硬まる

深筋膜にアプローチしよう

　この負のループを断ち切って硬くなった筋膜をゆるめるにはどうすればいいのか？

　アプローチするポイントは、深筋膜です。

　深筋膜をゆるめることで、筋外膜がゆるみます。そうすると、筋肉の中の筋周膜がゆるんで、さらに筋肉1本1本を包む筋内膜もゆるんでいきます。

　深筋膜は、つながる部分で全身を覆っているので、他のところにもアプローチできるんです。

　この筋膜をゆるめる方法として、使われているのが「筋膜リリース」です。

筋膜リリース＝筋肉のシワ伸ばし

　ハンカチやシャツのシワをアイロンで伸ばすイメージをしてみてください。実は、筋膜リリースは、イメージでいうと、「筋肉のシワ伸ばし」です。

　悪い姿勢や偏った使い方でよじれた筋膜を解きほぐすことで、元の位置に戻してゆがみをリセットしていきます。

　悪い方向にクセになって偏ってしまった筋膜は、また戻ろうとするので、小まめな調整は必要ですが、筋膜がいい位置に収まることで筋肉の硬さや関節の可動域もアップします。

　筋膜リリースの方法はローラーなどのグッズを使うものもありますが、実は、バレエのレッスンで使う動きやヨガのポーズは、それ自体が筋膜リリースの役割もあります。

　ですから、形を無理になぞるのではなく、

「できる範囲で正しいポーズに近づける」
＋
「動きにくいところで呼吸する」

ことで、つながるところと動きを組み合わせた筋膜リリースができるのです。

3章

テクニックの基礎をつくる
バレエ筋肉を鍛える

ターンアウト筋を整える

バレエのほとんどの場面で必要になってくるターンアウトですが、股関節がスムーズに動かず、大人バレリーナさんが苦戦しやすいところでもあります。

まず、お伝えしておきたいのは、「私は股関節が開かない」と思っていたとしても、そのほとんどのケースで股関節の動きが悪くて開かないなんてことはありません。

ターンアウトしやすくする股関節の動かし方のコツや、ターンアウトを活かした筋肉のストレッチの積み重ねで開きやすくなっていきます。

股関節を開くときは、下記のイラスト①、②、③がポイントです。

①骨盤のでっぱり　②坐骨　③大転子

ターンアウトするときの動かし方は、骨盤の前のでっぱりと、坐骨をつないだ線上に大転子をしまうように動かします。つまり、お尻の上のほうが動かないようにしながら、太ももの外側のでっぱりを坐骨に近づけるように使うとやりやすいです。

こうすることで、お尻の外側の筋肉を使わずに、奥のほうにある深層外旋六筋というターンアウトにかかせない筋肉を使って股関節を回すことができます。お尻にギュッと力をいれて股関節を開こうとするクセがある方にぴったりの使い方です。

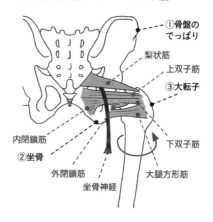

深層外旋六筋＝ターンアウト筋

- ①骨盤のでっぱり
- 梨状筋
- 上双子筋
- ③大転子
- 内閉鎖筋
- ②坐骨
- 下双子筋
- 外閉鎖筋
- 坐骨神経
- 大腿方形筋

コツ 1　かかとを出すようにする

　ターンアウト筋を使って股関節を開きやすくするには、かかとを前に出すようにしてみましょう。

　かかとを前に出すようにして足を開くと、もも裏、内ももが使いやすくなって内側から股関節が回るからです。

「ルルベをするとグラグラする」とか、先生に姿勢を直されると「思った以上に前にされるな」と感じたことがあるなら、かかとを前に出す開き方に切り替えるともっと股関節が開きますよ。

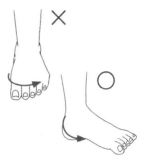

コツ 2　上半身を背を高くするように使う

　2つ目は上半身の使い方にコツがあります。かかとを前に出して股関節を開くと、ターンアウトの影響で体がねじれます。このとき、上半身がまっすぐになるようにキープすることで、骨盤周りや腰の中の筋肉がストレッチされます。上半身をまっすぐにするときは、体をねじって直すのではなく、背を高くするようにすると、体が上下に伸びた分だけ床を押しやすくなります。

「背を高くする」以外にも、「首を長くする」「頭から糸でつり上げられる感じ」など、自分が姿勢をまっすぐにしやすいイメージで上に伸ばして

腰回りに伸びを感じられたらOK

＼ ターンアウト筋に効く！ ／

手のガイド付き股関節ストレッチ

　サラッとコツをお伝えしてしまいましたが、コレがすんなりできていたら苦労はないと思う方も多いでしょう。いきなり意識することは難しい部分だと思いますので、はじめのうちは、手でガイドしながら股関節の動かし方を覚えることで、ターンアウト筋を使うコツを習得してみてください。

坐骨にアプローチ ⇒
ターンアウト筋をストレッチ

　この方法は、外旋六筋の中で坐骨につく上双子筋、下双子筋、大腿方形筋、内閉鎖筋を調整します。片脚ずつ行ってください。

STEP 1　坐骨、大転子、骨盤のでっぱりを押さえます

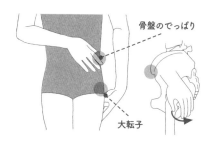

骨盤のでっぱり

大転子

❶片方の手の中指で坐骨、親指で大転子（太もも横にあるでっぱり）をつかむように押さえます。股関節を動かすときに骨盤が一緒に動かないように、もう片方の手で骨盤の前のでっぱりを押さえます。

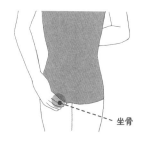

坐骨

❷そこから、親指を握るように中指に近づけます。こうすると、股関節が動きやすくなります。

STEP2　かかとを前に出すようにして、足を開く

まず、脚を肩幅に開きます（❶）。片脚をターンアウトします。足は1番ポジションにするようにかかとから前に出します（❷）。その足に体重を乗せていくと膝が伸ばされていきます。その脚のほうが長くなります（❸）。両脚行いましょう。

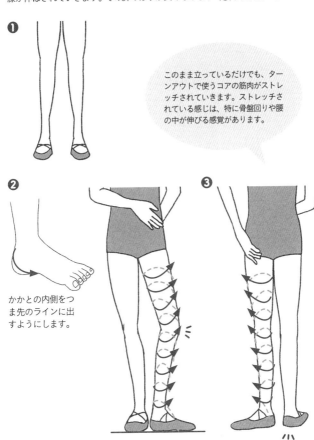

❶

このまま立っているだけでも、ターンアウトで使うコアの筋肉がストレッチされていきます。ストレッチされている感じは、特に骨盤回りや腰の中が伸びる感覚があります。

❷

かかとの内側をつま先のラインに出すようにします。

❸

このとき、膝が多少曲がってもOKです。

ターンアウトした足裏に体重を乗せて肘裏が伸びると、やってないほうの足はかかとが浮きます。

さらにターンアウト筋を
整えるワーク

　ここからは、一歩進んだターンアウト筋を整える方法です。よりターンアウトしやすくなるのはもちろん、ターンアウトをキープする力をつけたり、踊っている最中もほどけないターンアウト筋をつくる助けになります。

　意識するポイントを前ページでご紹介した坐骨から、仙骨、恥骨と変えていくことで、よりターンアウト筋を使いやすくしていきます。この坐骨、仙骨、恥骨というのは深層外旋六筋がそれぞれつく場所で、角度が変わります。実は、1番から5番ポジションにするときも、正しくターンアウトしていると、坐骨、仙骨、恥骨とじょじょに深層外旋六筋を働かせています。最後の恥骨まで意識できるようになると、ほぼ180度近く股関節が開けるようになり、5番ポジションがやりやすくなるのです。

①坐骨につく：上双子筋、下双子筋、大腿方形筋、内閉鎖筋

②仙骨につく：梨状筋

③恥骨につく：内閉鎖筋（恥骨の裏）、外閉鎖筋（恥骨の外）

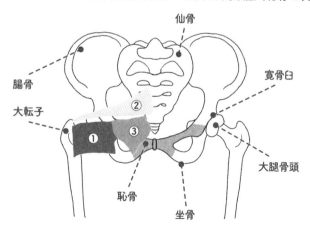

第3章

仙骨にアプローチ⇒
仙骨を立てやすくしてターンアウト筋を伸ばす

STEP1　大転子と仙骨の2つを押さえます

片方の親指で大転子（太もも横にあるでっぱり）をつかむように押さえます。仙骨につく筋肉が使いやすくなるように、もう片方の手で仙骨を押さえます。そこから、親指を握るようにすると、股関節が動きやすくなります。

＊坐骨へのアプローチよりも深く股関節を回すことになるので、ステップ3（P95）をしっかり行ってねじりをとってください。

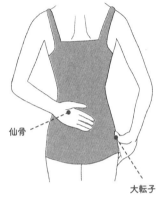

仙骨

大転子

恥骨にアプローチ⇒
両脚でほぼ180度近く
股関節を開くための基礎ができます

STEP1　大転子と恥骨の2つを押さえます

片方の親指で大転子（太もも横にあるでっぱり）をつかむように押さえます。恥骨につく筋肉が使いやすくなるように、もう片方の手で恥骨を押さえます。そこから、親指を握るようにすると、股関節が動きやすくなります。

＊坐骨や仙骨へのアプローチよりもさらに深く股関節を回すことになるので、ステップ3（P95）をしっかり行ってねじりをとってください。

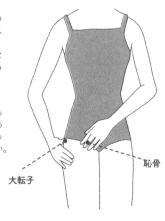

大転子

恥骨

STEP2 かかとを前に出すようにして、足を開く

ポイントを抑えたまま、まず、脚を肩幅に開きます（❶）。片脚をターンアウトします。足は1番ポジションにするようにかかとから前に出します（❷）。その足に体重を乗せていくと膝が伸ばされていきます。その脚のほうが長くなります（❸）。

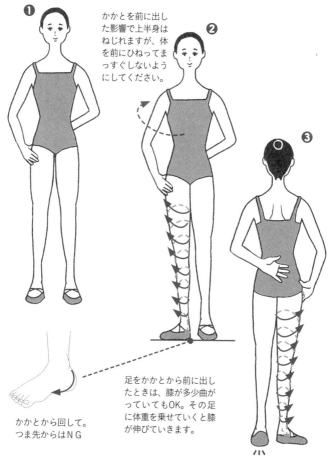

かかとを前に出した影響で上半身はねじれますが、体を前にひねってまっすぐしないようにしてください。

かかとから回して。つま先からはNG

足をかかとから前に出したときは、膝が多少曲がっていてもOK。その足に体重を乗せていくと膝が伸びていきます。

やってないほうの足はかかとが浮きます。

STEP3 ターンアウトをした腕を回す

上半身のねじれを修正します。体をひねって「まっすぐ」にすると軸がブレたり、骨盤が斜めに歪んだりしがちです。腕のターンアウトをすると軸をズラさず、体幹を強化できるので、姿勢をまっすぐに伸ばしやすくなります。

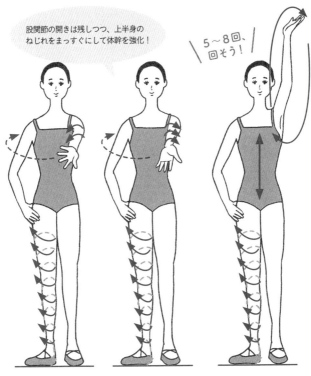

股関節の開きは残しつつ、上半身のねじれをまっすぐにして体幹を強化！

5〜8回、回そう！

大転子を押さえた手はそのままで、もう片方の手を使います。まず、二の腕から内側にねじります。

次に、手首から外側にねじっていくことで背中や脇に力が入ります。

その腕を大きく回していきます。

＊片方の脚が終わったら、もう片方も行いましょう。片方が終わったら1番ポジションにしてルルベで片脚立ちをして比べたり、プリエでの膝の開き具合などで比べてみてください。やったほうは、やりやすくなっているでしょう。

股関節ニュートラル

●できること
深層外旋六筋や、もも裏の筋肉（ハムストリングス）に働き
かけて股関節がターンアウトしやすい位置に整う

　この方法は、太ももをいろいろな方向に倒して伸ばすことで、
股関節の動きをよくするためのものです。

　脚の曲げ伸ばしをかかとを床につけながら行うことで、ターン
アウトで使うお尻の奥の筋肉（深層外旋六筋）や、もも裏の筋肉
（ハムストリングス）も使うことができます。

　結果、ターンアウトしやすい、まっすぐしっかり立てる、片脚
でバランスがとりやすくなるほか、脚全体も使いやすくなります。

　基本的な動きのパターンは、膝を曲げて、内側や外側に倒して、
脚を伸ばす。これだけです。

STEP1　仰向けになって、膝を曲げます

膝を曲げた脚のほうに顔を向けます。
そうすることで動かす脚の股関節が開
きやすくなります。

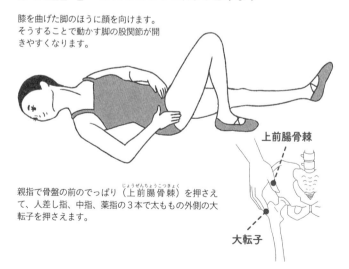

親指で骨盤の前のでっぱり（上前腸骨棘）を押さえ
て、人差し指、中指、薬指の3本で太ももの外側の大
転子を押さえます。

上前腸骨棘

大転子

STEP2 　膝を内側に倒して、脚を伸ばします

伸ばしたら、再び膝をまっすぐに曲げます。

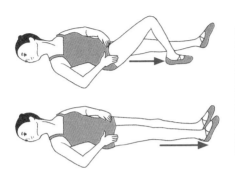

point

かかとを床につけたままで足を擦りながら行います！
→ターンアウトで使うお尻の奥の筋肉、深層外旋六筋を使いながら、もも裏の筋肉のストレッチを同時に行うことができます。

STEP3 　曲げた膝を外側に倒して、脚を伸ばします

伸ばしたら、再び膝をまっすぐに曲げます。

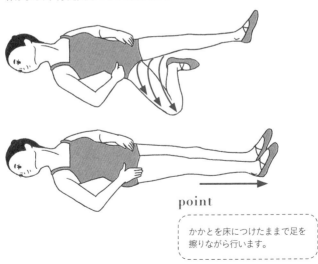

point

かかとを床につけたままで足を擦りながら行います。

STEP4

最後は膝がまっすぐの位置のまま、脚を伸ばします

かかとを床につけたまま、足を擦りながら伸ばします。

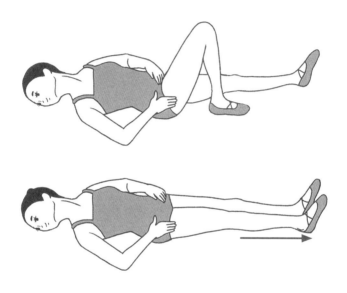

＊片方の脚が終わったら、反対の脚も行いましょう。

内転筋を鍛える

バレエで内転筋が大事な理由

　内転筋は、脚を寄せる筋肉のグループです。

　なぜここがバレエで大事なのか？　それは、中心からズレないようにしてくれるからです。

　たとえば、ターンアウトするときに脚を寄せたり、脚をまっすぐ上げたり、体の軸をつくって片脚でバランスをとるときに使われます。内転筋が使えないと、脚の外側の筋肉ばかり使ってしまったり、1番で膝同士がつかなかったり、4番や5番がやりにくかったり、片脚で立てません。つまり、軸がブレるのです。

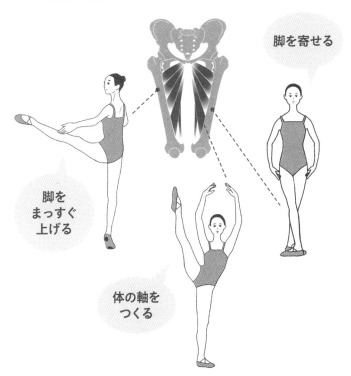

脚を寄せる

脚をまっすぐ上げる

体の軸をつくる

あなたの内転筋が
強くならないワケ

ここで改めて言われなくても「内ももの筋肉が大事」なことは
もう耳にタコができるほど聞いているかもしれません。

でも、「内転筋を鍛えているのに内ももに感じられない」「トレーニングしたら太ももが太くなってしまった」「脚の付け根が痛くなる」というご相談を受けることがあります。

その理由のひとつは、内転筋の使われ方にあります。

①脚を真横に寄せようとしている
②内転筋をひとつの筋肉として使っている

それぞれの対策と一緒にお話しましょう。

内転筋だけでは
脚はまっすぐに寄らない

1つ目の理由は、脚をまっすぐ真横に寄せようとしていることです。「え？　普通に内もも使えば脚寄るんじゃないの？」って思うかもしれません。でも、内転筋だけ使って脚を寄せても、体の構造上太ももがまっすぐ横に動くわけではないんです。

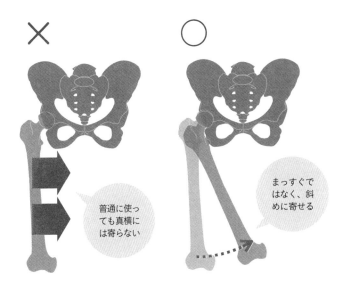

　内転筋は、そのほとんどが恥骨から太ももの骨へ斜めについています。なので、内ももを使うと恥骨と太ももが近づくので、脚は斜めに寄ることになります。仮に両方の脚を真横に寄せようとしても、膝は寄りますが、太ももの上のほうは寄りません。

　内転筋の一部(大内転筋、恥骨筋)は股関節を内側に回す働きもあります。なので、太ももの上を寄せるためには、股関節を内側に回して寄せる必要があります。このとき、お尻を広げるように太ももの外側の大転子が外に出っ張ってきます。

　力任せに真横に寄せると、脚の付け根の前の部分や、太ももの前や外側に余計な力が入って硬くなったり、太もも全体が太くなってしまうのです。

内転筋は１つの筋肉じゃない

....

　２つ目の理由は、内転筋を１つの筋肉として使っているからです。

　確かに、内転筋の基本的な動きは脚を寄せることですが、筋肉がくっつく場所によって、どの辺を引っ張って脚を寄せるのかが違うので、前述したように股関節を内側に回したり、脚を前に上げたりする筋肉もあるんです。

　これを１つの筋肉として使おうとすると、意識できない部分で違う動きをしてしまい、使いたいところを使うことができません。無理すると、脚の付け根のソ径部のあたりに痛みが出たりすることもあります。

内転筋は、６つの筋肉からなります。６つとも共通して「脚を寄せる」働きがありますが、筋肉がつく場所が違うため、異なる働きも出てくるのです。

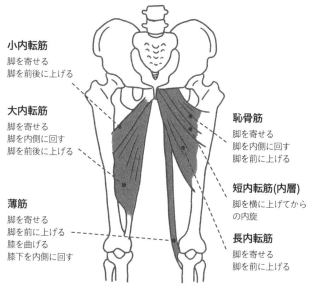

小内転筋
脚を寄せる
脚を前後に上げる

大内転筋
脚を寄せる
脚を内側に回す
脚を前後に上げる

薄筋
脚を寄せる
脚を前に上げる
膝を曲げる
膝下を内側に回す

恥骨筋
脚を寄せる
脚を内側に回す
脚を前に上げる

短内転筋(内層)
脚を横に上げてからの内旋

長内転筋
脚を寄せる
脚を前に上げる

内転筋を使いやすくする
2つのコツ

　では、どうすれば内転筋を使いやすくできるのか？　押さえて
おきたいポイントはこの2つです。

①腹筋とセットで脚を寄せる
②ターンアウトしながら脚を寄せる

コツ 1　内転筋を使うなら腹筋とセットで

　腹筋は骨盤についています（P18）。内転筋も骨盤(ほぼ恥骨)に
ついています。
　腹筋とセットで使うことで骨盤が安定して内転筋に力が入りや
すくなるんですね。

「腹筋とセットって、どうやって腹筋に力を入れるの？」って思
うかもしれません。腹筋は強く息を吐くと使われます（IAPの働
きP40）。強く息を吐きながら脚を寄せるだけでも、内転筋の上
のほうも使いやすくなるので、脚がまっすぐ寄せやすくなります。
　またバレエでは、内転筋を使うプレパレーション（準備）とし
て、2番ポジションで骨盤の上を閉じることで腹筋を使いやすく
しています。2番を通って腹筋を使いやすくしてから脚を寄せる
ことで、内転筋が使いやすくなるので、4番や5番ポジションが
とりやすくなるようになっています。
　なお、バーレッスンのときに動作と呼吸を合わせることを意識
して行うようにすると、IAPを働かせながら各ポジションがと
りやすくなり、より腹筋と内転筋がセットで使いやすくなります。

２番→４番→５番とポジションを変えることで腹筋と内転筋がセットで働く！

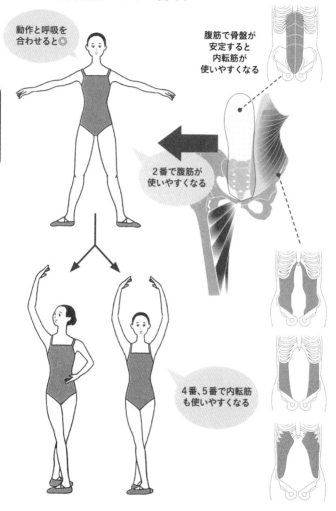

なお、２番から４番にする動きでは、腸腰筋も使われています。

さらにターンアウトをすると まっすぐに寄る

　さらに股関節をターンアウトしてから寄せることで、脚がまっすぐ寄りやすくなって膝がつきやすくなります。

　はじめのうちは、股関節を回す感覚を身につけるために、一度内回ししてからやるのがポイントです。

　一度、脚の付け根〜つま先まで全体を内側に向けて、かかとで床を擦りながら合わせるようにすると、脚がまっすぐのまま寄りやすいので膝もつきやすくなります。

　1番や6番ポジションでスキ間なく脚がつくのはこの原理ですし、4番や5番で足をクロスして寄せる場合もターンアウトを切らさないことでより入りやすくなります。

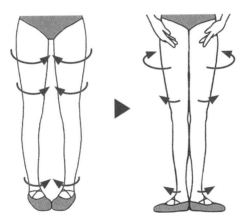

一度内側に回してから→ターンアウトして寄せると内ももの上のほうまで使って寄せやすい

内転筋トレーニングをするときは
3つに分けて寄せる！

さぁ、ここまで

①内転筋は腹筋とセットで使う

②股関節を回しながらのほうがまっすぐ脚が寄る

とお話してきました。

それらを踏まえて、改めて内転筋を鍛えるときにどこを意識すればいいか、コツをお話します。

それは、上、中、下と3つに分けて寄せることです。

内転筋が鍛えられないというほとんどのケースで、トレーニングするときに膝に近いところだけ寄せて内転筋を使おうとしています。

なので、

（上）足の付け根に近いところを寄せる

（中）太ももの真ん中あたりを寄せる

（下）膝に近いところを寄せる

こうすることで、内転筋をまんべんなく鍛えやすくなります。

効率UP point

○腹筋と股関節が使いやすい状態にしてから行うと、効率よく内転筋を鍛えやすくなります。
▶呼吸で腹筋を使う（P10やP43）→股関節ニュートラル（P96）→内転筋のトレーニング
○足の親指が弱いと内転筋も腹斜筋も使いづらくなります。
▶足指のトレーニング（P78〜83）

アダクションをやってみよう!

　今回は、横に寝た状態で脚を上げるアダクションというトレーニングをご紹介します。ただ、内ももにボールを挟むボールプッシュなど、自分が好きな内転筋トレーニングでOKです。気をつけるポイントは同じです。

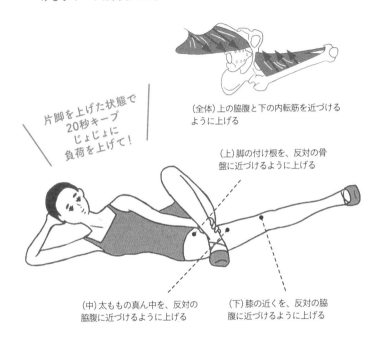

片脚を上げた状態で
20秒キープ
じょじょに
負荷を上げて!

(全体)上の脇腹と下の内転筋を近づけるように上げる

(上)脚の付け根を、反対の骨盤に近づけるように上げる

(中)太ももの真ん中を、反対の脇腹に近づけるように上げる

(下)膝の近くを、反対の脇腹に近づけるように上げる

やり方
❶平らなところに横向きに寝ます。
❷頬杖する感じで頭を支えます。
❸上の脚を4の字に曲げます。
❹空いている手で4の字にした脚の足首をつかみます。
❺下側の脚を伸ばしたまま上に上げます。

引き上げ筋を鍛える

　バレエのレッスンを受けていると先生から、「もっと引き上げて！」「お腹を引っ込めて！」「みぞおちを持ち上げて！」ってアドバイスがあると思います。「引き上げ」の言葉自体はよく聞くので、重要なのはわかるけど、「どういう状態で、どこを使うといいのか」、イメージしにくいかもしれません。

　引き上げで行っていることは生理的湾曲を小さくして、狭い支持基底面（体重を支えるエリア）で動けるようにすることです。要するに、体幹の筋肉をコントロールして、背骨をまっすぐに近づけています。そうすることで、重心が高くなり、安定感は減りますが、可動域がアップします。軽やかにジャンプをしたり、トウシューズで何回転もするといったことは体が引き上げられているからこそ可能になります。

　頭の引き上げ、背中の引き上げ、お腹の引き上げ、とそれぞれの高さで、背骨をまっすぐに近づけて、なるべく重心線に近づけることで、バランスをコントロールする力を極限まで高めた状態です。

引き上げで使う筋肉はどこ？

　実は、引き上げについては、「どこの筋肉が」というのは、ハッキリしていません。

　バレエ教師によって、「背骨からスタートしている体幹の筋肉のコントロールが大事」「腹筋が大事」「大腰筋（腸腰筋の一部）が大事」とポイントにしているところも違ったりしますが、どれも関係しています。はっきりいって、いっぱいありすぎて1つ1つ意識なんてしていられない、というのが本音だと思います。

　ここでは、2つの視点に分けて、引き上げの筋肉を使いやすくするためのヒントをお伝えします。

〈引き上げで使う筋肉ざっくり一覧〉

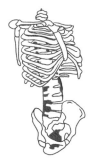

❶背中の筋肉
板状筋 、脊柱起立
筋 （棘筋、最長筋）、
横突棘筋（多裂筋、
半棘筋、回旋筋）、
後頭下筋群

**❹首・肩・
肩甲骨回りの筋肉**
斜角筋、頸長筋 、頭長筋、
前頭直筋、外側頭直筋、僧
帽筋の中部・下部、菱形筋、
肩甲挙筋・広背筋

❸コアマッスル
横隔膜、腹横筋、多裂筋、
骨盤底筋

❺腹筋群
腹直筋、内腹斜筋、
外腹斜筋、腹横筋

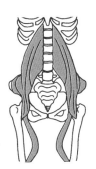

**❷骨盤・股関節
周りの筋肉**
腸腰筋（特に大腰筋）、
腰方形筋

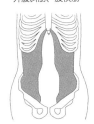

引き上げ筋強化マップ

　ほとんどの筋肉が関係している引き上げですが、自分がどこから強化すればいいのか、全体像をまとめたマップです。

　まず、引き上げのベースはターンアウトの強化と、ポールドブラで背中を使えるようにすることです。

　それに加えて、以下の5点ができていないことが多いようです。ほとんどの場合これらは同時に起きていますが、レッスンで先生からアドバイスされることが多いところから注意してみるといいでしょう。

顔が前に出てる！
顎が上がってる！⇒
・**1章のワーク**
　（特にIAPを強化するワーク
　P40〜49や2軸体操P50〜52）
・**横カンブレとロンデ・ジャンプ**
　（P111〜113）

背中が落ちてる！
背中が使えていない！⇒
・**1章のワーク**
　（特に多裂筋を含むワークP48〜49）
・**横カンブレとロンデ・ジャンプ**
　（P111〜113）

デコルテを高く！
胸を開いて！⇒
・**1章のワーク**
・**横カンブレと**
　ロンデ・ジャンプ
　（P111〜113）
・**前肩を直す**（P120）

ひじが落ちてる！
腕を長く使って！⇒
・**1章のワーク**
・**横カンブレと**
　ロンデ・ジャンプ
　（P111〜113）

腹筋が弱い！
お腹をひっこめて！⇒
・**1章のワーク**
・**横カンブレと**
　ロンデ・ジャンプ
　（P111〜113）

\ レッスン中もできる！ /

呼吸を使った横カンブレ引き上げワーク

　バレエの動きで引き上げ筋を育てる方法があります。左ページ
の注意点を網羅できる方法でもあります。

　横のポールドブラ（横カンブレ）を呼吸を意識しながら行うこ
とで、呼吸をうまく使って内側の筋肉をコントロールして、引き
上げに関係する筋肉を整えることができます。

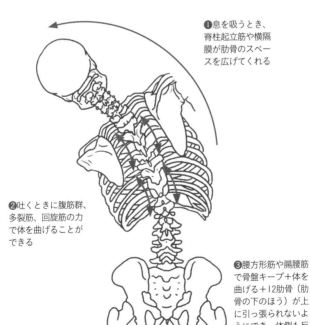

❶息を吸うとき、
脊柱起立筋や横隔
膜が肋骨のスペー
スを広げてくれる

❷吐くときに腹筋群、
多裂筋、回旋筋の力
で体を曲げることが
できる

❸腰方形筋や腸腰筋
で骨盤キープ＋体を
曲げる＋12肋骨（肋
骨の下のほう）が上
に引っ張られないよ
うにでき、体側も反
りやすくなる

〈呼吸を使った横カンブレ引き上げワーク〉

*呼吸は基本的に鼻呼吸で行いましょう。吐くときは口でもOKです。

やり方

❶骨盤を平行にキープします

❷息を吸って吐きながら
　倒していきます

息を吸うことで肋骨や背骨が
つぶれにくい

❸動きが止まったところで
　また息を吸います

動きが止まるところで息を吸う
と、背中が引き上がって伸びる。
顔は挙げている手を見続けてい
てもOK

❹息を止めてもう一度倒します

❺息を吐きながらさらに倒します

呼吸を繰り返すことで、姿勢が安定し、
肩も上がりにくい

左右
1回ずつ

❸センターに戻ります

片側が終わったら、左右を
替えて行いましょう。

\ レッスン中もできる！/

ロンデ引き上げ筋ワーク

　次は、ロンデ・ジャンプ・ア・テールやアン・レールで引き上げ筋を働かせる方法です。片脚を軸にして、もう片方の脚で円を描くように動かすロンデ・ジャンプを正しく行うと、ざっくり分解するだけで以下の図のようにたくさんの筋肉に働きかけるエクササイズになります。

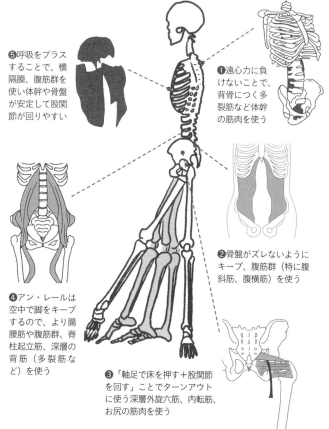

❺呼吸をプラスすることで、横隔膜、腹筋群を使い体幹や骨盤が安定して股関節が回りやすい

❶遠心力に負けないことで、背骨につく多裂筋など体幹の筋肉を使う

❹アン・レールは空中で脚をキープするので、より腸腰筋や腹筋群、脊柱起立筋、深層の背筋（多裂筋など）を使う

❷骨盤がズレないようにキープ、腹筋群（特に腹斜筋、腹横筋）を使う

❸「軸足で床を押す＋股関節を回す」ことでターンアウトに使う深層外旋六筋、内転筋、お尻の筋肉を使う

　バレエのレッスンでロンデ・ジャンプを毎回やっているのに股関節が硬いという人は、無意識に股関節が回しづらいところで、エイッと反動をつけて脚を回そうとしています。

　すると、使われるはずの内側の筋肉は使われず、脚の付け根の前側、前ももの外側、すねの外側の筋肉が使われてしまいます。

お腹の筋膜のリリース＋ロンデ・ジャンプ

お腹の筋膜をリリースしながら行うことによって、強制的に引き上げをしやすい体に整えましょう。引き上げ強化マップの筋肉を効果的に働かせることができます。

❶お腹の真横の肉を薄くつまみ、少し上に引っ張りながら、ロンデ・ジャンプをします。

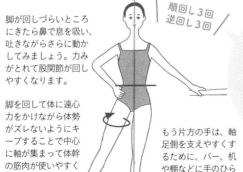

順回し3回
逆回し3回

脚が回しづらいところにきたら鼻で息を吸い、吐きながらさらに動かしてみましょう。力みがとれて股関節が回しやすくなります。

脚を回して体に遠心力をかけながら体勢がズレないようにキープすることで中心に軸が集まって体幹の筋肉が使いやすくなります。

内転筋が使いやすくなって骨盤がズレにくくなります。股関節の回るスペースが増えるので、股関節の可動域が増えます。

もう片方の手は、軸足側を支えやすくするために、バー、机や棚などに手のひらをピタッとつけて手首が落ちないように。

肩甲骨の動きを助ける
筋肉を鍛える

ポールドブラで肩が上がってしまう、アンオーをすると腕が疲れる、腕の振りがしなやかにできない、など肩や腕の悩みを抱えている人も多いでしょう。肩周りや腕の使い方へのアプローチの1つとして、肩甲骨の動きと、肩甲骨を使いやすくするために整えたい筋肉についてわかると、普段のケアやレッスン前のコンディショニングに役立つと思います。

肩甲骨は、筋肉によっていろいろな方向に引っ張られます。そのときの引っ張られ方のバランスで、腕をスムーズに動かしたり、体幹のバランスをとったりする働きがあります。

肩甲骨は、4つのペアの組み合わせで動く

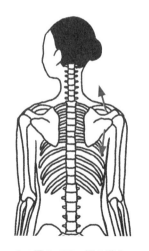 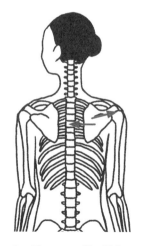

1つ目のペア：縦の動き
上に持ち上げる挙上と、下に下げる下制

2つ目のペア：横の動き
腕を前に出す外転と、胸を張るときに肩甲骨を背骨に寄せる内転

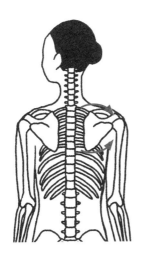

3つ目のペア：回転の動き
バンザイのように腕を上げるとき
に使う上方回旋と、背中に手を回
す下方回旋

バレエでよく注意さ
れる前肩は肩甲骨の
前傾が強い状態です。

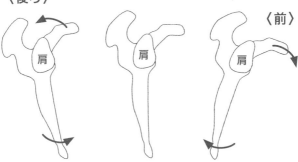

〈後ろ〉

〈前〉

肩

肩

肩

4つ目のペア：前後の動き
肩甲骨を横からみたとき、前に傾
く前傾と、後ろに傾く後傾がある

バレエで肩甲骨を動かすときにやりたいのは、肩甲骨が上がりすぎるのを抑えて、腕の動きに合わせてサポートすることです。

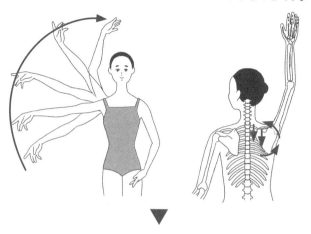

＊そのために整えたい2つの筋肉グループがあります！

1つ目のグループ ゆるめたい筋肉

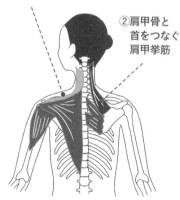

①頭と肩をつなぐ
僧帽筋の上の部分

②肩甲骨と
首をつなぐ
肩甲挙筋

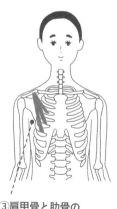

③肩甲骨と肋骨の
前側をつなぐ小胸筋

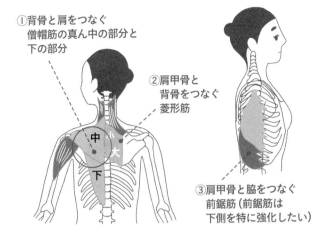

①背骨と肩をつなぐ
　僧帽筋の真ん中の部分と
　下の部分

②肩甲骨と
　背骨をつなぐ
　菱形筋

中
小
大
下

③肩甲骨と脇をつなぐ
　前鋸筋（前鋸筋は
　下側を特に強化したい）

　これらの筋肉には、肩甲骨が持ち上がりすぎないように引き下げる動きと、肩甲骨を背骨に寄せたり、後傾させる動きがあります。整えることで、肩甲骨の動きをスムーズに保ちやすくなります。前ページの肩甲骨の４つの動きに使われる筋肉のバランスをとってくれるからです。

筋肉の縮みをとることが先決！

　鍛えるといっても筋肉モリモリではなく、バレエ的に柔らかくしなやかな筋肉をつける必要があります。そのためには、コリがない状態をまずは目指しましょう。あいにく、肩甲挙筋、僧帽筋の上側、小胸筋はそもそも縮みやすい特徴があります。

　肩甲挙筋と僧帽筋は、肩甲骨を上に引っ張って首を縮めます。

　小胸筋は、肩甲骨を前に引っ張ります。

　どちらも、転んだりしたときに、首を怪我しないように守ったり、とっさに手を出して頭を打たないようにしたりと、身に危険が迫ったときの防御反応で使われるためです。

　「肩が上がる」も「前肩」も緊急時の防御反応としては生命として必要なものなのですが、慢性化してしまうと、肩が凝ったり、腕が動かしづらくなります。

前肩解消 小胸筋リセット法

肩がつまって使いづらいと思ったり、先生から前肩だから肩が上がりやすいと言われたことがあるかもしれません。

前肩の原因筋の1つが、小胸筋という胸の筋肉です。

この小胸筋は小さい筋肉なのに呼吸のサポートも、肩甲骨の位置調整もして仕事を抱えすぎなんです。結果、疲れて凝りやすいのです。

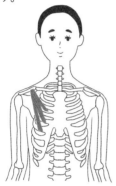

日常生活においても、デスクワークやスマホの体勢みたいに「首が前に行って」「呼吸が浅くて」「手が前にある状態」が長く続くと、小胸筋が縮んで肩甲骨が前に引っ張られます。結果として前肩や猫背、腕が回しにくい、肩が上がる、背中が使えないといったことが起こってしまいます。

小胸筋のコリをゆるめる

STEP 1

胸のポイント（リュックの紐が当たるところ）を縦につまんで軽く上に引っ張ります。

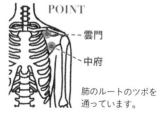

POINT

-- 雲門

-- 中府

肺のルートのツボを
通っています。

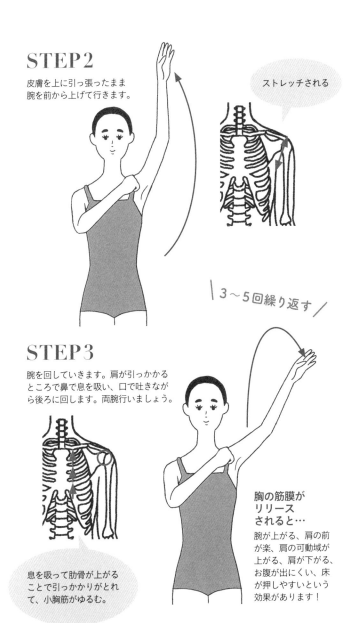

STEP2

皮膚を上に引っ張ったまま
腕を前から上げて行きます。

ストレッチされる

3〜5回繰り返す

STEP3

腕を回していきます。肩が引っかかる
ところで鼻で息を吸い、口で吐きなが
ら後ろに回します。両腕行いましょう。

**胸の筋膜が
リリース
されると…**

腕が上がる、肩の前
が楽、肩の可動域が
上がる、肩が下がる、
お腹が出にくい、床
が押しやすいという
効果があります！

息を吸って肋骨が上がる
ことで引っかかりがとれ
て、小胸筋がゆるむ。

ワ

COLUMN

ポワントやフロアで
肩が上がる理由と対策

バーまではなんとか肩を下げていられるのに、フロアやポアントで立つと肩が上がるという経験はありませんか？

この原因は、体の防御反応（反射）です。

亀が危険を感じると首を甲羅に引っ込めるように、人間もバランスがとれずに頭を打つ危険があると脳が判断すると、反射的に首を縮めて（肩甲骨と頭を近づけて）頭を保護しようとします。

その場の対処としてできることベスト3は、①呼吸（特に吐くほう）を意識する　②脇を締める　③体を上下に伸ばす意識を持つです。ほとんどのケースで、これと並行して言われるのが、「お腹が出てる」「床をもっと押して」「ルルベが低い」のはずです。

息を強く吐くことで、腹筋が使えますし、持ち上がった肋骨が下がって肩甲骨が動かしやすくなります。

足裏の内在筋には、バランスをアップするセンサーがたくさんあるので、足裏で床をつかめると、ブレなくなるぶん、肩の反射を減らせます。

また、肩が上がりやすい人は、引き上げで「上に上がる意識が強すぎる」傾向があります。引き上げでは、頭は頭上の空気を、足は床を押すことで、体の内側を上下に伸ばします。上だけでなく、下にも伸びる意識を持つとバランスが安定します。

**バランス
アップ**

腹筋、体幹を強化する、ターンアウトや足首、足裏を鍛えましょう。

**腕と股関節を
セットで使う**

バーレッスンのポールドブラで股関節の動きと腕（特に肘を下げない）の動きを呼吸でスムーズにつなげる練習を。腕を上げたり横にしたときに引っかかる部分を減らせます。

**体幹と
足の強化**

床を押す力を養いましょう。ルルベでぐらぐらしたり、首を縮める反射を減らせます。

知っておきたい筋肉の仕組み ～入門編～

バレエ筋肉の入門的な知識についてお話しておきます。

1 筋肉のつく位置

筋肉について調べると、必ず出てくる用語に「起始」と「停止」
という言葉があります。

これは、筋肉のつく位置のことを言っています。

体の中心から近い位置につくのを起始といい、体の中心から
遠い位置につくのを停止といいます。

一般的に、起始のほうはあまり動かず、停止のほうがよく動
きます。

停止が起始に近づく使い方を通常動作といい、起始が停止に
近づく使い方を逆動作といいます。

これを知っていると何がいいのか？

それは筋肉の動きがイメージしやすいことです。

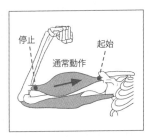

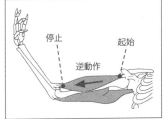

2 筋肉の使い方の原則と仕組み

　筋肉の使い方、力の入れ方は、大きく３つのタイプに分かれます。

・筋肉の長さが、変わるものと変わらないもの
・筋肉の長さが変わるものでも、縮むものと伸ばすもの

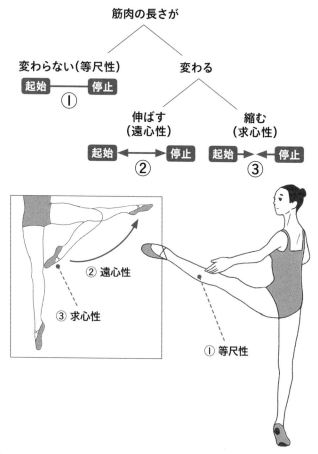

筋肉の長さが

変わらない（等尺性）
起始━━━停止
①

変わる

伸ばす
（遠心性）
起始◀━━━▶停止
②

縮む
（求心性）
起始━▶◀━停止
③

② 遠心性

③ 求心性

① 等尺性

　筋肉の長さが縮む使い方を求心性収縮といい、起始と停止が近づきます（③）。

　力は入っているが、筋肉の長さが伸びる使い方を遠心性収縮といい、起始と停止が離れます（②）。

　たとえば、パッセで膝を曲げる動きは求心性の使い方、パッセした状態から足を伸ばすのは遠心性の使い方です。バレエの動きの中では、この筋肉を伸ばしながら力を入れる使い方（②遠心性収縮）がもっとも大事です。

　そして、力は入っているけど、筋肉の長さが変わらないものを等尺性収縮（①）といいます。たとえば、脚を上げてキープなど、ポーズのキープで使います。ここでのポイントは、筋肉を使う＝縮ませることではないということです。

3 主動筋ー拮抗筋のペア

　求心性収縮、遠心性収縮、等尺性収縮。いずれの使い方も１つの筋肉ではできません。

　たった１つの動きだとしても、筋肉は「主動筋ー拮抗筋のペア」というセットで働きます。

　同じ関節を動かす場合、関節が壊れないように反対に動く筋肉とペアで働く原則があるのです。

　たとえば、力こぶをつくる動きの場合、いわゆる力こぶをつくる部分が主動筋となり、関節を動かすメインになります。

　主動筋の動きをサポートしたり、ブレーキになったりする筋肉が拮抗筋で、反対側についています。

　これに、筋肉の動く方向を調整するための共同筋や関節が引っかからないように働く小さい筋肉などがセットになって筋肉は動いているのです。

4 キレのある動き、速い動き、 美しいポーズを身につけるために 必要な神経系

「主動筋ー拮抗筋のペア」や共同筋たちの動きを、ベストなタイミングで動くようにコントロールしているのが神経系です。

この神経系が、日々のレッスンの繰り返しによって、アラベスクやアチチュードの動きをプログラムして、キレのある動き、速い動き、美しいポーズをとることができます。

① ハムストリングスが主動筋

② 後ろに上げる動きを 邪魔しないようにゆるむ 拮抗筋が前ももにある 大腿直筋
だいたいちょっきん

③ ①②の筋肉がついている 骨盤の角度をキープして ズレないようにしてくれるのが、 共同筋（安定筋）の腹直筋

たとえば、アラベスクやアチチュードで脚を後ろに上げるときは、右のイラストのように、それぞれがうまいバランスで動くことで脚を上げやすくしたり、お尻がつまらないようにしてくれています。

ただやみくもに筋トレをしたり、特定の筋肉だけにフォーカスして鍛えたりしても、使い方や動きのプログラムがズレていたら同じようなポーズはとれません。

まとめ

踊りの上達に必要なのは 「筋力の発揮」と「神経系の調節」

バレエを含むダンスには、さまざまな表現があります。それを可能にする筋肉の「動き」をよりコントロールしやすくするためには、次の4つの要素が必要になります。

❶ 筋力　❷ 筋力の発揮の仕方　❸ 神経系の調節
❹ 骨格や筋肉の長さ

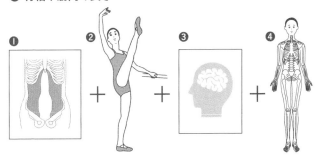

このうち、いわゆる「骨格が…」と言われるのは④で、あとの3つは自分でその能力を上げることができます。踊りで押さえておきたいのは、特に②筋力発揮と③神経系の調節です。

振り付けや動かし方を覚えないと、筋力があったとしても、もっと言えば恵まれた骨格があったとしても、宝の持ち腐れで、どう動かしていいかわかりません。

それと同じく、どのタイミングで筋肉に力を入れればいいかわからないと、効率のよい動き方ができないので疲れやすかったり、つまって痛める原因になります。

この2つをクリアして、その上で、足りない部分の筋力を筋トレなどで上げていくというのがオススメです。

ちなみに、先生が筋トレを勧めるのは、すでに②、③ができ上がっていて、①を上げることで動きがさらによくなるからです。

島田智史（しまだ さとし）

東京都港区三田にある鍼灸院「専心良治」院長。 整形外科で3年勤務後、2010年治療院開院。 開院後に施術した人数は約23,000人（2019年まで）。 バレエに有効な体の使い方、調整に定評がある。 訪れるクライアントは、日本全国のみならず海外からにも及ぶ。

専心良治 住所 東京都港区三田5-6-8 ナカムラビル3階
ホームページ https://www.senshinryochi.com/
ブログ「バレエダンサーさんの治療院」 https://balletdancersenshin.net/
You Tubeチャンネル https://www.youtube.com/channel/UCi0SnChv06KjxJyfglYAlBw

専心良治のYouTubeチャンネルで本書の補足コンテンツをお楽しみいただけます。右のQRコードからお入りいただくか、再生リストから「バレエ筋肉ハンドブック」をご覧ください。

筋トレ以前に知っておきたい！

バレエ筋肉ハンドブック

| 発行日 | 2020年9月10日　第1刷　発行 |
| | 2022年12月19日　第3刷　発行 |

| 著者 | 島田智史 |

編集	林美穂
デザイン	中山詳子
イラスト	関根美有

発行者	田辺修三
発行所	東洋出版株式会社
	〒112-0014 東京都文京区関口1-23-6
	電話 03-5261-1004(代)　振替 00110-2-175030
	http://www.toyo-shuppan.com/
担当	秋元麻希

| 印刷 | 日本ハイコム株式会社(担当：前田武彦) |
| 製本 | ダンクセキ株式会社 |

まとめ

踊りの上達に必要なのは
「筋力の発揮」と「神経系の調節」

　バレエを含むダンスには、さまざまな表現があります。それを可能にする筋肉の「動き」をよりコントロールしやすくするためには、次の4つの要素が必要になります。

❶ 筋力　　❷ 筋力の発揮の仕方　　❸ 神経系の調節
❹ 骨格や筋肉の長さ

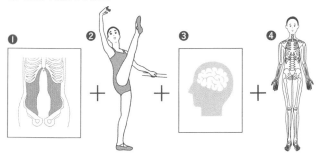

　このうち、いわゆる「骨格が…」と言われるのは④で、あとの3つは自分でその能力を上げることができます。踊りで押さえておきたいのは、特に②筋力発揮と③神経系の調節です。

　振り付けや動かし方を覚えないと、筋力があったとしても、もっと言えば恵まれた骨格があったとしても、宝の持ち腐れで、どう動かしていいかわかりません。

　それと同じく、どのタイミングで筋肉に力を入れればいいかわからないと、効率のよい動き方ができないので疲れやすかったり、つまって痛める原因になります。

　この2つをクリアして、その上で、足りない部分の筋力を筋トレなどで上げていくというのがオススメです。

　ちなみに、先生が筋トレを勧めるのは、すでに②、③ができ上がっていて、①を上げることで動きがさらによくなるからです。

島田智史（しまだ さとし）

東京都港区三田にある鍼灸院「専心良治」院長。 整形外科で３年勤務後、2010年治療院開院。開院後に施術した人数は約23,000人（2019年まで）。 バレエに有効な体の使い方、調整に定評がある。 訪れるクライアントは、日本全国のみならず海外からにも及ぶ。

専心良治 住所　東京都港区三田5-6-8 ナカムラビル３階
ホームページ　https://www.senshinryochi.com/
ブログ「バレエダンサーさんの治療院」 https://balletdancersenshin.net/
You Tubeチャンネル　https://www.youtube.com/channel/UCi0SnChv06KjxJyfglYAIBw

専心良治のYouTubeチャンネルで本書の補足コンテンツをお楽しみいただけます。右のQRコードからお入りいただくか、再生リストから「バレエ筋肉ハンドブック」をご覧ください。

筋トレ以前に知っておきたい！
バレエ筋肉ハンドブック

発行日　2020年９月10日　第１刷　発行
　　　　2022年12月19日　第３刷　発行

著者　島田智史

編集　林美穂
デザイン　中山詳子
イラスト　関根美有

発行者　田辺修三
発行所　東洋出版株式会社
〒112-0014 東京都文京区関口1-23-6
電話 03-5261-1004(代)　振替 00110-2-175030
http://www.toyo-shuppan.com/
担当　秋元麻希

印刷　日本ハイコム株式会社(担当：前田武彦)
製本　ダンクセキ株式会社

ISBN 978-4-8096-7992-6　C0073